沙岛-潟湖海港总体规划研究与实践
——以唐山港为例

孙 路　曾成杰　姚海元 ◎ 著

河海大学出版社
HOHAI UNIVERSITY PRESS
·南京·

图书在版编目(CIP)数据

沙岛-潟湖海港总体规划研究与实践：以唐山港为例 / 孙路，曾成杰，姚海元著. -- 南京：河海大学出版社，2024.4
ISBN 978-7-5630-8895-9

Ⅰ.①沙… Ⅱ.①孙…②曾…③姚… Ⅲ.①海港-港口规划-研究-唐山 Ⅳ.①U658.91

中国国家版本馆 CIP 数据核字(2024)第 050526 号

书　　名	沙岛-潟湖海港总体规划研究与实践——以唐山港为例
书　　号	ISBN 978-7-5630-8895-9
责任编辑	彭志诚
特约编辑	李　阳
特约校对	王春兰
封面设计	徐娟娟
出版发行	河海大学出版社
地　　址	南京市西康路 1 号(邮编:210098)
电　　话	(025)83737852(总编室)　(025)83722833(营销部)
经　　销	江苏省新华发行集团有限公司
排　　版	南京布克文化发展有限公司
印　　刷	广东虎彩云印刷有限公司
开　　本	718 毫米×1000 毫米　1/16
印　　张	10.25
字　　数	175 千字
版　　次	2024 年 4 月第 1 版
印　　次	2024 年 4 月第 1 次印刷
定　　价	69.00 元

前言
Preface

我国海港历经几十年的发展建设,取得了举世瞩目的成就,全国沿海港口吞吐量已经超过百亿吨,全世界货物吞吐量排名前十的港口中中国港口占据了8席。我国现行港口行政管理体系中,港口总体规划是指导我国港口建设的基础性文件,在我国海港建设的飞速发展中起到了重要的支撑作用。港口总体规划主要研究确定港口发展方向、发展规模、用于港口开发的资源、港口布置方案、港口集疏运体系等一系列涉及港口发展的重要问题。同时港口总体规划也是港口项目建设行政审批的重要依据。

唐山港地处渤海湾中部,背依广阔的华北腹地,是20世纪90年代以后发展起来的新兴港口,目前已成为河北沿海的地区性重要港口和我国北方沿海地区煤炭外运、外贸矿石进口及原油运输系统的重要组成部分。唐山港主要由曹妃甸港区和京唐港区组成,其中京唐港区自20世纪80年代末起步建设,发展已初具规模,成为唐山港发展的重要支点。曹妃甸港区是唐山港本世纪开发建设的大型深水港区,也是我国近10年来建设速度最快的港区。曹妃甸港区依托深水港址资源建设大型散货泊位,吸引了包括首钢搬迁、煤炭外运等一系列大型项目落户,依靠港口-工业的开发模式,已发展成为我国著名的临港工业和能源、原材料运输基地。

曹妃甸位于渤海湾北部,原本是一个人烟稀少的海中荒岛,"面向大海有深槽,背靠陆地有滩涂"是曹妃甸最明显的特征和优势,该海域由前方沙岛链和后方浅滩共同形成沙岛-潟湖地貌体系结构,浅滩沙岛前沿水深超过40 m,其后有大片水深不足5 m的浅滩区域,浅滩之间夹杂深水潮汐通道。曹妃甸港区的总体规划布置充分考虑了该海域地貌特点,合理利用深水岸线和浅滩土地资源,顺势利导形成港口布置方案,并结合港口定位和发展需求,形成各区域的港口功能。曹妃甸港区的后续开发建设均以港口总体规划为指导，至今已初步实现港口规划布置方案和功能，助力唐山港异军突起跃居我国港口吞吐量第三位。

本书重点以唐山港曹妃甸港区的开发建设和港口总体规划研究编制为例，系统阐述我国沙岛-潟湖类型海港总体规划编制的具体内容和论证分析过程，力图对我国沿海港口总体规划的编制起到一些指导作用。

目录
Contents

第一章 沙岛-潟湖海岸港口开发重要性 ……………………………… 001
   1.1 港口开发历程 ………………………………………………… 001
   1.2 已开展的工程概况 …………………………………………… 003
   1.3 港口开发目标及重要意义 …………………………………… 005
   1.4 对我国港口规划建设方面的创新意义 ……………………… 008

第二章 海域地貌环境分析 ……………………………………………… 013
   2.1 研究概况 ……………………………………………………… 013
   2.2 曹妃甸海区地貌演变分析 …………………………………… 014
   2.3 曹妃甸海岸地貌体系及特征 ………………………………… 034

第三章 动力环境及稳定性分析 ………………………………………… 041
   3.1 水流泥沙输移特征 …………………………………………… 041
   3.2 潮汐深槽形成动力机制 ……………………………………… 060
   3.3 滩槽冲淤变化总趋势 ………………………………………… 066
   3.4 滩槽稳定性分析 ……………………………………………… 077

第四章 港口开发方案研究 ……………………………………………… 087
   4.1 建港可能性分析 ……………………………………………… 087
   4.2 资源利用基本原则 …………………………………………… 088
   4.3 港口开发方案论证 …………………………………………… 089

第五章　港口规划基础 ················ 104
5.1 规划背景 ················ 104
5.2 规划基础 ················ 106
5.3 港口发展基础综合分析 ················ 109

第六章　港口规划定位 ················ 113
6.1 外部环境分析 ················ 113
6.2 港口定位 ················ 118
6.3 港口功能 ················ 118

第七章　港口规划规模 ················ 121
7.1 腹地范围 ················ 121
7.2 腹地经济、社会发展特点 ················ 122
7.3 腹地综合交通发展现状 ················ 126
7.4 腹地经济发展趋势 ················ 127
7.5 周边港口运输格局 ················ 130
7.6 港口运输需求分析 ················ 132
7.7 港口运输规模预测 ················ 135

第八章　港口总体规划方案 ················ 140
8.1 规划原则 ················ 140
8.2 港区布局及主要功能 ················ 140
8.3 港口总体规划方案 ················ 142

第九章　港口配套设施规划 ················ 149
9.1 集疏运规划 ················ 149
9.2 供电规划 ················ 151
9.3 给排水规划 ················ 153
9.4 通信信息规划 ················ 155
9.5 港口支持系统规划 ················ 156

第十章　规划建议 ················ 157

第一章
沙岛-潟湖海岸港口开发重要性

沙岛-潟湖海岸是典型的海岸类型之一,在我国沿海有较广泛的分布。潟湖口内或口门附近岸段,多具有一定的水深和掩护条件。港口作为服务社会经济发展的重要基础设施,在支撑国民经济发展和对外开放中发挥了重要作用。港口规划开发建设是一项重要的系统工程,涉及国土、海洋、岸线合理开发利用、重大产业布局、重要交通基础设施布局,以及国家重要战略实施落实和论证决策。

充分利用沙岛-潟湖海岸独特的地貌单元和水深条件进行港口规划和建设是当前的研究热点。唐山港曹妃甸港区是国内港口开发建设项目中非常具有代表性的一个实例,它在短短的二十余年间从海中沙岛成长为现今年吞吐量超过3亿t的综合性大港。因此,对曹妃甸港口规划方案的制定及规划历程进行系统分析对我国港口建设具有重要的借鉴意义。

1.1 港口开发历程

曹妃甸岛原是一个人烟稀少的海中荒岛,除了渔民偶尔驻足外,几乎无人问津。中华人民共和国成立前,岛上未进行过任何科学研究工作。新中国成立后,随着国家经济建设的发展,对曹妃甸海域的动力地貌和港口工程开发的研究工作逐渐展开。20 世纪 90 年代中后期,唐山市政府和京唐港港务局联合首钢、中石化等企业,先后委托国内十余家著名的甲级设计、勘察、科研单位对曹妃甸岛的开发利用开展前期研究工作,为国家和企业决策提供了大量科学依据和定性结论。研究表明,曹妃甸接岸大堤和深水码头工程的建设对地区宏观环境不构成重大影响,深槽水深可以较好维持,曹妃甸岛的岸线稳定性可以维持，曹妃甸甸头可建设大型深水码头。在此结论指导下，曹妃甸港口开发建设由前期研究阶段转入工程建设阶段。2003 年连岛大堤工程开工建设，2004 年连岛大堤正式建成通车。随着供电供水工程、通信工程、疏港铁路工程等基础配套设施的建设完善以及首钢的搬迁，曹妃甸港区进入了大规模开发建设阶段。

2005 年 10 月，曹妃甸工业区党委、管委会正式挂牌成立，承担工业区开发建设的管理、监督、协调、服务职能。工业区规划面积 310 km²，定位为：将依托深水大港和国内外两种资源、两个市场，逐步建立以现代物流、钢铁、石化、装备制造四大产业为主导，电力、海水淡化、建材、环保等关联产业循环配套，信息、金融、商贸、旅游等现代服务业协调发展的循环经济型产业体系；建成依托京津冀，服务环渤海，面向世界的国家级临港产业循环经济示范区。

为进一步扩大曹妃甸的品牌优势，实现区域经济一体化发展，增强区域经济核心竞争力，2008 年 10 月，河北省委、省政府根据国家对曹妃甸的战略定位，成立了管辖曹妃甸工业区、南堡经济开发区、唐海县和曹妃甸国际生态城的曹妃甸新区。按照规划，曹妃甸新区功能定位为：中国能源、矿石等大宗货物的集疏港，新型工业化基地，商业性能源储备基地，国家级循环经济示范区，中国北方商务休闲之都和生态宜居的滨海新城，将形成港口、港区、港城协调发展的空间布局。

曹妃甸已进入基础配套、产业聚集和城市建设全面推进，加速发展的新阶段，主要表现在以下几方面：

(1) 基础设施日臻完善。造地工程和土地整理大规模展开，曹妃甸工业区已形成陆域面积超过 180 km²。曹妃甸通岛 1 号路、迁曹铁路、唐曹高速公路、司曹铁路、滦曹公路、渤海大道等已陆续建成通车，区域大的路网格局初步形成。曹妃甸工业区供水工程已成功通水。曹妃甸工业区供电工程一期、二期变电站相继竣工。通信工程方面，移动和固定通信信号已覆盖全区，宽带光纤网、互联网业务进入企业和百姓家庭。

(2) 港口建设取得重大进展。2005 年 12 月，曹妃甸实业开发有限公司投资建设的 25 万吨级矿石码头率先通航，它也是曹妃甸建成的第一个标志性码头。之后，多个大型原油码头、煤炭下水码头相继建成投入运营。2009 年 9 月，由唐山曹妃甸港口有限公司投资建设的通用码头通航，使曹妃甸港口实现了由专业港口到综合港口的转变。至 2012 年底，曹妃甸全港设计吞吐能力将突破 3 亿 t/a。

（3）产业聚集效果显著。举世瞩目的首钢京唐钢铁厂项目于 2007 年 3 月 12 日正式开工建设；2010 年 6 月 26 日，一期工程全面竣工投产；二期一步工程于 2015 年 8 月 21 日正式启动，2019 年 8 月 1 日全面投产。华润曹妃甸电厂 2×30 万 kW 机组项目已经并网发电。中国石油渤海湾生产支持基地 2013 年已全部建成，文丰板材精深加工、华电临港重工装备制造、冀东哈电风力发电、恒基伟业、豪华游艇、电动汽车、锂电池等一批产业项目也陆续建成。同时还谋划了原油储备基地、玻璃建材、燃煤发电供热、海洋工程装备、大型炼化等一批重大产业项目，总投资超过 2 000 亿元人民币。

（4）曹妃甸新城建设全面启动。按照港口、港区、港城协调发展的思路，以建设国际一流的滨海生态城市为目标，完成了详细规划。全面启动了造地和滨海大道、滦曹公路等基础设施建设，人工运河已全线贯通，曹妃甸生态城服务中心及其余配套工程已经完善。

（5）冀东经济区域合作打开新局面。认真贯彻省"建设冀东经济区，打造新的增长极"的重大决策，扎实推进承德、秦皇岛等相关临港工业园开发建设。

1.2　已开展的工程概况

曹妃甸港口的规划建设突破了港口原有的单纯服务运输需求的功能，更多地着眼于构建产业平台和优化生产力布局方面，以满足国家对曹妃甸循环经济示范区的发展定位，将曹妃甸打造成为拉动区域社会经济发展的新引擎。

已开展的港口工程方案充分利用甸头深水资源和潟湖内的潮沟、浅滩，顺应地貌和自然环境，以填筑、开挖相结合的方式形成港口水陆域，利用甸头深槽建设 20 万吨级以上码头。西侧利用二龙沟和浅滩形成第一、二港池，东侧借助老龙沟辐射水域形成第三港池，为了充分适应临港冶金、石化、能源、装备制造等产业发展，以及煤炭、原油、铁矿石和综合运输的需求，围绕甸头和三个港池，形成矿石和原油大宗散货作业区、通用码头作业区、煤炭和干散货专业化作业区、液体化工品作业区，及部分临港工业专用岸线。港口主要功能区布局如下：

——甸头区域。利用天然深槽形成大型深水码头岸线约 5.9 km，根据岸线特点及后方陆域情况，西部约 1.6 km 岸线布置 4 个大型干散货码头，中部约 2.4 km 岸线布置 6 个大型干散货泊位，主要用于支持后方冶金园区发展并提供公共运输服务，东部约 1.9 km 岸线布置 4 个大型原油码头，主要用于支持后方临港石化工业的发展。

——西翼第一港池。口门外仍处于甸前深水区范围，因此有良好的水深条件可供利用，规划港池内主要发展 5 万～10 万吨级泊位，重点安排三个码头功能区：东侧岸线自钢厂北边线向南，主要为钢铁泊位区；东侧岸线自钢厂北边线以北，安排为通用码头作业区，主要用于支持其他临港工业的发展；港池西侧 7.8 km 岸线安排专业化煤炭下水码头及其他专业化散货码头作业区，主要满足"北煤南运"和临港工业区其他大宗散货的运输需求。

——西翼第二港池。口门处位于西侧次深槽的末端，水深条件受到一定限制，主要安排 5 万吨级以下泊位。二港池东侧岸线约 4.5 km，后方陆域缺少临港工业的发展空间，主要发展以管道输送为主的液体化工品泊位；西侧岸线与陆侧填筑板块相连，根据临港工业发展需要机动使用。

——二港池外侧。两港池之间南侧护岸外可以利用的岸线长度约 3.8 km，依托南堡深槽布置 10 万吨级左右的 LNG 泊位或其他液体散货、干散货泊位。

——东翼第三港池。鉴于老龙沟存在局部浅段，规划主要用于修造船及其他重型装备制造工业岸线。

曹妃甸的开发建设中，港口开发是龙头，土地开发是载体，产业聚集及园区建设是关键。

2005 年 12 月，曹妃甸实业开发有限公司在甸头区域建造的服务于后方冶金工业的 2 个 25 万吨级矿石码头率先通航，该码头是曹妃甸建成的第一批标志性码头。2008 年 8 月，中国石化集团在甸头东侧建造的服务于后方腹地炼化的 30 万吨级原油码头通航，该码头年接卸原油能力 2 000 万 t。2008 年 8 月，给一港池提供良好掩护条件的防波堤及公用航道建设完成。2009 年 8 月，由国投曹妃甸港口有限公司在一港池西岸建设的年吞吐能力 5 000 万吨的煤炭码头起步工程通航，成为我国"北煤南运"的另一个重要出海口。2009 年 9 月，由唐山曹妃甸港口有限公司在一港池东岸建设的通用码头通航，使曹妃甸港口实现了由专业港口到综合港口的转变。2010 年，曹妃甸实业公司二期矿石码头建成投产。2011 年，二港池防波堤及航道工程及三港池航道工程建设完成，标志着曹妃甸各港区公用工程建设完成，各作业区码头已经具备全面开发建设及运营条件。曹妃甸港口公司在一港池西岸建设的服务于综合物流运输的通用散货码头也于 2011 年 5 月完工。2012 年，曹妃甸港口公司分别在一港池、三港池建成服务于公共运输的多用途码头、液体化工码头。同年，位于一港池年通过能力 1 亿 t 的煤码头续建及二期工程建设完成，使曹妃甸煤炭年下水能力达到 1.5 亿 t。位于甸头西侧的矿石码头三期工程也于 2012 年建设完成，使曹妃甸矿石年吞吐能力达到 1 亿 t。二港池西岸通用件杂货码头也同步建设完成，位于甸头东侧次水深区域可接卸 26.7 万 m^3 LNG 船舶的新型清洁能源接卸码头及接收站建设已基本完成。至此，曹妃甸港区各功能区域均已实现码头运营和正式通航，到 2013 年，曹妃甸港区建成投入运营的码头总数将达 42 个，设计通过能力将超过 3.1 亿 t。

港区开发的同时，服务于各园区的造地工程也大规模展开，采用了科学利用资源、"两条腿走路"的方法：一边开展浅滩吹沙造地，一边进行陆域运土造地；一边把开挖港池的泥沙通过吹填形成港区及工业用地，一边把唐山近海区域开挖矿山的剥离弃土运到曹妃甸平整土地。到目前为止，曹妃甸工业区已经形成陆域近 200 km^2，各功能区陆域已经基本建设完成。

在港口开发的龙头带领作用下，后方产业聚集及产业园区的建设取得了举世瞩目的成就，先后同国家开发投资公司、首钢总公司、香港华润集团、华电集团、中石油集团、中石化集团、中冶京唐公司等多家大型企业展开了战略合作。截至 2022 年，首钢京唐钢厂、华润电力曹妃甸电厂 4 台百万机组、金隅集团冀东装备总部暨研发中心、华电曹妃甸重工装备项目等一大批重大项目建成投产，包括中石化、旭阳集团、东华能源、福海润泽化工、浅海集团等多加炼化一体化项目的石化基地正逐步建设，工业开发与港口码头建设衔接十分紧密，总体规划中所确定的曹妃甸港区定位和功能已初步实现。

1.3　港口开发目标及重要意义

国家及河北省、唐山市各级政府从国家发展战略及区域经济发展需求出发，确定曹妃甸港区及工业区的开发目标为：我国北方国际性铁矿石、煤炭、原油、天然气等能源原材料主要集疏大港，世界级重化工基地，国家商业性能源储备和调配中心，国家循环经济示范区。

为充分利用国内、国外两种资源和两个市场，建设我国北方国际性能源和原材料主要集疏大港,调整华北地区乃至全国的产业结构和经济战略布局,提升我国对外开放能力及参与国际竞争的综合实力,实现国家发展战略,驱动区域经济和谐发展,充分发挥曹妃甸港区特殊的自然条件、地理环境和区位优势,建设曹妃甸新型现代化港区是非常必要的。

1.3.1 建设曹妃甸新型现代化港区是利用国内、国外两种资源和两个市场,顺应国家能源发展战略的需要

随着我国重化工业的快速发展,原油、煤炭、铁矿石等资源需求迅速增长。由于我国原油、铁矿石等能源和原材料资源匮乏,原油及铁矿石对外依存度均超过50%,达到56%,原油及铁矿石等大宗原材料的大量进口使得对大型专业深水码头的需求越来越迫切。同时,我国煤炭资源分布及消费的地域不平衡性,决定了建设"北煤南运"煤炭下水港的必要性和迫切性。曹妃甸港区腹地分布有大型的冶金、石化企业,重工业基础雄厚,借助便利的集疏运通道,下水煤炭运输需求旺盛。在"面向大海有深槽,背靠陆地有滩涂"的自然条件优势下,利用曹妃甸港区优良的深水岸线资源,加快建设以矿石、原油、煤炭和LNG为主的四大专业化、大型化码头,将曹妃甸港区建设成为我国北方具有战略地位的国际性能源和原材料主要集疏大港,承担起我国进口原油、铁矿石、LNG和"北煤南运"的重要任务,是充分利用国内、国外两种资源和两个市场,顺应国家能源发展战略的需要,对于缓解我国能源、原材料紧张状况具有重要战略意义。

1.3.2 建设曹妃甸新型现代化港区是优化生产力布局,推进产业结构调整和优化的重要举措

参考发达国家经验,在工业化中期发展阶段,各国都会集中力量在滨海地区建设引领工业发展的标志性重化工业区,像美国的休斯敦、日本的阪神、韩国的釜山等,以优化生产力布局,加快工业化进程。曹妃甸地处我国北方沿海经济核心区,建设滨海重化工业区,是适应我国经济发展新阶段、新任务的要求,是历史的必然选择。同时,随着区域经济一体化发展进程的加快,环渤海地区钢铁、石化等支柱产业资源供给不足以及产业集中度低等制约性问题日益突出,迫切需要调整优化产业结构。曹妃甸港区在优化水、土地等自然资源配置的基础上,建设能源、原材料集疏大港,构筑世界级重化工业基

地,促进京津冀周边地区生产力布局的优化调整和重组,特别是为钢铁、石化、电力等重化工业向沿海转移和向临港聚集创造条件,为华北地区优化重组产业结构、提升港口竞争力、加速经济一体化进程提供有力支撑。

1.3.3 建设曹妃甸新型现代化港区是适应东北亚一体化进程加速,进一步扩大对外开放的战略选择

曹妃甸港区拥有建设深水大港的独特优势,是辐射京津冀、沟通"三北"、连接东北亚、走向世界的重要枢纽和对外通道,便于参与国际分工合作。经国务院同意,交通运输部发布公告,曹妃甸港区自2012年8月28日起正式对外开放。曹妃甸港区的对外开放,为对接国际市场开辟了直达通道,有利于优化市场资源配置,从而在更大范围、更高层次、更宽领域上参与国际国内竞争,促进环渤海经济区开放型经济的发展,实现与世界经济的接轨。

1.3.4 建设曹妃甸新型现代化港区有利于加强国家商业性能源储备和调配中心的建设,保障国家经济运行安全

能源、原材料在我国经济发展中占据十分重要的战略地位,能源和原材料加工业是影响和带动国民经济发展全局的基础性产业,煤炭、石油、天然气、铁矿石等战略资源,历来是世界各国激烈争夺且交换量最大的焦点。环渤海地区的港口由于受布局、结构和分工等诸多因素影响,至今没有形成以能源集疏为主导的深水港口群,明显不适应我国能源储备和保障经济运行安全的需要。利用曹妃甸港区资源优势,建设大型深水码头和能源、原材料加工储备基地,不仅可以为我国经济发展提供资源战略保障,而且能够促进各区域间战略物资的供需平衡,提高我国经济发展的应急能力和抗干扰能力,对于保证国民经济运行安全具有不可替代的作用。

1.3.5 建设曹妃甸新型现代化港区是发展循环经济、构建两型社会的有益尝试和探索

坚持科学发展观,走新型工业化道路,建设资源节约型和环境友好型的两型社会,是党中央、国务院着眼新世纪我国经济社会更好更快发展做出的重大战略部署。钢铁、石化、电力等重化工业,是典型的高耗能、高耗水、高污染产业,沿用传统的产业发展模式,必将进一步加剧资源的制约和环境的压

力。曹妃甸工业区作为国家首批发展循环经济的产业园区试点之一，将坚持以科学发展观为统揽，按照"减量化、再利用、资源化"原则，建立循环经济型产业体系，加快集聚钢铁、石化、电力和装备制造等循环经济示范企业群，最大限度地节约资源、保护资源，实现人与自然的和谐发展。曹妃甸港区作为曹妃甸循环经济示范区的有机组成，对引领现代工业走低碳循环经济发展之路、可持续发展之路起着重要的指引作用。

1.3.6 建设曹妃甸新型现代化港区是建设河北沿海经济隆起带、促进区域经济和谐发展的需要

沿海和临港经济往往是区域经济的起源地和繁荣地。河北省作为环渤海的重要组成部分，承接着三北乃至中国板块经济辐射和产业转移的重任，是我国城市最密集、工业基础最雄厚的区域之一，其发展面临城市空间狭窄、污染集中、交通拥挤、生产要素配置困难等问题，使得优势产业提升受到严重制约。为加快区域经济和谐发展，推动环渤海区域生产力布局调整和生产要素向沿海聚集，河北省提出了建设沿海经济隆起带的发展战略。曹妃甸新型现代化港区的建设，为河北省充分发挥临港优势、打造沿海经济隆起带创造了基本条件，有利于实现经济发展空间布局合理化，提升区域竞争力，带动区域经济协调发展。

1.4 对我国港口规划建设方面的创新意义

1.4.1 工程技术特点和关键技术问题

曹妃甸海区最为重要的特征和优势是甸前具有水深大于 25 m 的深槽，陆地与沙岛之间有大片可供利用的滩涂。然而，曹妃甸海床底质是在环境水动力作用下较易变形的粉沙，对本地区动力地貌的形成和演变尚缺乏系统的研究，特别是对深槽存在的必要条件的认识是本地区建设深水大港的关键。

滩涂资源为港区陆域建设和港池岸线开发乃至临港工业区的开发提供了基础条件。但是滩涂资源开发在什么条件下能够为港区建设和临港工业区、物流园区建设提供最充分的岸线资源，同时又能够保证甸前深槽的稳定性，是规划建设的又一大关键技术问题。

曹妃甸海域风高、浪大、流急、多冰、水深、地形复杂等天然条件给港区的

第一章
沙岛-潟湖海岸港口开发重要性

规划建设带来了一定的挑战。其中开敞式码头受流冰作用，在我国尚属首例；直接面向外海开敞水域的大型泊位的设计方法还没有丰厚的经验积累；大型专业化码头还存在保证安全、提高效率、降低造价、环保节能等多方面的技术进步需求；码头建设在某些方面存在国内外技术标准、规范尚不能完全覆盖的问题。

为确保曹妃甸现代化港区工程高质、安全、可靠地建成，必须以科学发展观为统领，坚持技术创新。

1. 滩槽并存的复杂地形、地貌动力作用下能否保持长久稳定，是决定港区能否顺利开发建设的基础

曹妃甸港区"面向大海有深槽，背靠陆地有滩涂"，为大型深水港口和临港工业的开发建设提供了得天独厚的条件，其中作为未来发展核心资源的深槽深水岸线在开发过程中需要重点保护和充分利用。海岸与滩槽稳定性是评价本海区能否进行港区开发利用的关键问题，因此，在分析曹妃甸海区动力地貌与水沙输移特征的基础上，揭示潮汐深槽的动力形成机制，探讨滩槽冲淤演变规律及其主要原因，分析滩槽稳定性变化趋势，是曹妃甸港区能否开发的重要基础。

2. 复杂的地貌、自然条件、多样性的泥沙特征需要建立成套的模拟技术以指导港区的规划建设

曹妃甸港区位于渤海湾与辽东湾交界过渡地带，天然地形下双重岸线特征明显，内侧大陆岸线为沿滦河古三角洲前沿发育的冲积海积平原，地势低平，外侧是曹妃甸、腰坨、蛤坨和东坑坨等沙岛构成的沙质岛屿岸线，与大陆岸线走向基本一致；沙岛与陆岸之间则发育有潟湖湾和大片潮滩，沙岛间还有潮汐通道深槽发育，总体来说，港区海岸与海底地貌类型复杂。曹妃甸海域泥沙组成多样，处于沙质海岸、粉沙质海岸和淤泥质海岸的过渡地带，泥沙运动规律极为复杂。该海区以甸头分界，沉积物中值粒径分布还具有东侧海区大于西侧海区的特点，其中西侧海区中值粒径为 0.008～0.027 mm，东侧海区为 0.012～0.250 mm。甸头以西侧重于淤泥质海岸，甸头以东侧重于粉沙质和沙质海岸。另外，地处渤海湾西岸的港区，海域风高、浪大、流急、多冰，港区复杂的自然条件和地形地貌条件，对给港区规划建设方案提供重要支持的相关研究提出了极高的技术要求。

3. 外海相对较强的潮流动力条件，对开敞式码头的合理布置提出了较高

的要求。

曹妃甸港区潮流为规则的半日潮流，运动形式呈往复流，其流向与海底地形有关，在浅滩外侧大致与岸线平行；港区涨潮流速大于落潮流速，曹妃甸甸头以南适合布置大型开敞式码头的深槽，海流流向呈 E—W 向，最大流速可达 140 cm/s 以上。曹妃甸港区利用外部深槽规划了 5 个外海开敞式大型液体散货码头，相对较强的潮流动力、复杂的风浪条件以及液体散货码头系缆点固定的墩式布置，对外海开敞式码头的合理布置提出了较高的要求。

4. 相对严重的冰情，对外海水工建筑物的防冰技术提出了较高要求

曹妃甸港区海域冰情较为严重，观测浮冰的密集度为 10（成），最大冰厚 40 cm，固定冰最大冰厚 40 cm，最大堆积高度 3.5 m。曹妃甸港区利用外部深槽规划了大量的外海开敞式大型散货码头，由于缺少掩护，较为严重的冰情结合较强的潮流动力，极易对外海开敞式码头结构造成破坏，这对港区外海开敞式码头水工建筑物的防冰技术提出了较高要求。

5. 高滩沙质区域建设大吨级码头，对码头水工结构的合理选型和设计提出了更高的要求

为充分利用天然地貌特征合理经济地进行港区规划建设，曹妃甸港区规划中利用深槽作为内港池航道，高滩作为内港池码头及后方陆域，内港池码头天然泥面标高较高，结合前期造地实施，码头建设期，均形成干地施工条件，对大吨级码头水工结构的合理选型和设计提出了更高的要求。

6. 工程技术难度大，规范和标准涵盖不全

曹妃甸港区地形及水文、泥沙条件复杂，规划及相关研究难度大；筑堤连岛、围堤造地，制约因素多；开敞式码头处于较强潮流场和冰情较为严重区域，设计及防护难度大；沙质高滩海岸建设大吨位码头，经济合理的水工结构选型受多方面因素影响；其中一些技术问题，我国现有的规范、标准尚无法全覆盖，现成的规范指导缺乏；有些新技术、新结构也尚无使用先例，必须通过科学研究、工艺革新和技术创新并典型试验使用成功后方可全面应用于工程实践。

1.4.2 主要创新意义

1. 基于地层剖面解译和动力地貌分析，揭示了滩槽的成因

基于地层剖面解译和动力地貌演变分析，揭示了曹妃甸港区动力地貌体

系的形成演变过程和潮汐深槽动力形成机制,首次提出曹妃甸是古滦河三角洲前缘离岸沙坝发育而成的沙岛,沙岛及周边海区滩槽近三千年以来处于稳定状态之中。相关研究结果不仅可为曹妃甸新型现代化港区规划建设提供科学依据,还对维护深槽的长期稳定和健康发展具有重要的指导意义。

2. 提出了新型现代化港区规划的理念和方法,并指导了港区的规划

新型现代化港区规划的核心在于最大限度地发挥天然资源的功能,随着经济发展对水运建设的需求,在当前众多港区水、陆域发展空间不足的情况下,新港区如何充分利用自然条件最大限度地形成港口岸线资源和后方陆域资源从而保证港区建设的可持续发展,是现代化港区规划中考虑的重点。

港区规划始终以充分依托天然深槽形成稳定的港区水域和依托浅滩形成充足的后方陆域从而最大限度地形成港区岸线资源和陆域资源作为基本出发点,综合考虑经济发展对港区的运输需求,结合水陆域特点进行港区的总体布局规划。

曹妃甸港区作为新型现代化港区,除了要满足腹地产业发展、国家能源大通道对货物运输的需求,调整产业结构、优化产业布局的功能目标也对港区的规划建设提出了更高的要求。因此,曹妃甸港区的规划突破了港口原有的单纯服务运输需求的功能,更多地向对资源进行整体评价、驱动区域经济发展的理念转变,通过港口资源构建的物流平台,优化产业布局和生产力布局,满足国家对曹妃甸循环经济示范区的发展定位,将曹妃甸港区打造成为拉动区域社会经济发展的新引擎。

3. 开展了过渡型海岸波流共同作用下的泥沙输移机制研究

针对曹妃甸海区处于沙质海岸、粉沙质海岸和淤泥质海岸的过渡地带,泥沙组成多样,潮、风、浪相互作用的复杂动力特点,开展了波流共同作用下的泥沙运动水槽试验。基于波流边界层理论,通过修正Shields参数,结合对波流比因子、非线性作用因子的分析,提出了波流共同作用下的泥沙起动Shields曲线;推导了考虑黏结力作用的Shields方程,提出修正的Shields参数,得出修正Shields曲线;结合水流及波浪泥沙起动Shields曲线,推证出波流共同作用下泥沙起动Shields曲线,与试验结果吻合较好,可适用于水流、波浪、波流不同动力及粗沙、细沙等不同粒径条件下泥沙的起动条件判别,给后续多因子动力地貌演变数学模型的建立提供了良好的基础。

4. 建立了动力地貌演变成套模拟技术并成功应用于港区开发研究

基于不平衡泥沙输移理论，构建了适合曹妃甸海区动力地貌演变分析的多因子动力地貌演变数学模型，包括底床状态、水动力（分为水流模块、波浪模块、泥沙输运和地形更新等四个模块）。针对曹妃甸港区开发区域大、滩面水深浅等特征，建立了经过验证合理的超大变率物理模型。

通过以上验证良好的数学模型和物理模型，先后进行了接岸大堤工程对港区水动力与滩槽稳定性影响研究、曹妃甸港区总体规划方案对水动力与滩槽稳定性影响研究以及港区挖入式内港池等多个开发工程论证研究，揭示了曹妃甸滩涂开发利用驱动下动力地貌演变效应，有效指导了港区的规划和建设。

第二章
海域地貌环境分析

2.1 研究概况

曹妃甸曾是一个人烟稀少的海中荒岛,除了渔民偶尔驻足外,几乎无人问津。新中国成立前,岛上未进行过任何科学研究工作。新中国成立后,随着国家经济建设的发展和需要,针对曹妃甸海区具备深槽这一适合建港的基本特征,对曹妃甸海域的动力地貌和港口工程水文泥沙问题的研究工作逐渐展开。曹妃甸的开发研究始于20世纪50年代,90年代中后期由唐山市政府和京唐港港务局联合首钢、中石化等企业,先后委托国内十余家著名的设计、勘察、科研单位参与了曹妃甸的前期研究工作,为国家和企业决策提供了大量科学依据和定性结论。

关于曹妃甸海区地理地貌、气象水文、泥沙运动、岸滩稳定、地形地质等方面的研究工作,从研究目的和研究深度上可分为三个阶段:

早期研究阶段从1958年开始至20世纪90年代初,属于一般性的地质、地貌科学普查工作。

中期研究阶段自1992年至1995年,主要结合冀东油田和首钢矿石码头选址工作进行,开展了海洋工程地质调查工作和海洋水文初步勘测工作,对港区工程地质环境条件进行了论述和评价,对拟建港址的气象、潮汐、潮流、波浪、海冰及泥沙等海洋水文要素进行了初步分析和计算。

近期研究工作自1996年至今,对曹妃甸深槽深水岸线资源的开发利用(建设25万吨级及以上深水码头工程)和曹妃甸岛北侧大片浅滩土地资源的开发利用,进行了系统的研究工作,并在此基础上完成了唐山港曹妃甸港区总体规划和相应的建设工作。

自曹妃甸能否作为优良港址开发建设的讨论研究开始以来,国内专家和学者始终将其动力地貌成因及滩槽稳定性视为该港区能否作为优良港址的关键要素。曹妃甸能否建成深水港区的关键技术问题在于外部深槽是否稳定、泥沙输移是否会引起外部深槽地貌发生大的变化从而引起港口水域的重淤,这是国内港口领域的专家和学者的共识。因此,在分析曹妃甸海区动力地貌与水沙输移特征的基础上,揭示潮汐深槽的动力形成机制,探讨滩槽冲淤演变规律及其主要原因,分析滩槽稳定性变化趋势,是曹妃甸港区选址是否成功以及开发研究的重要基础。

2.2　曹妃甸海区地貌演变分析

2.2.1　曹妃甸海岸体系的形成发育

渤海海域通常分为辽东湾、渤海湾、莱州湾、中央海区和渤海海峡等五个海区。其中渤海湾北起冀东沿海的大清河口,南至老黄河口,西靠华北平原,其西有海河,东南有黄河,东北界外有滦河入海,并分别形成海河现代三角洲、废黄河水下三角洲和古滦河三角洲平原。渤海湾是一个向西凹呈弧状的浅水海湾,水深一般小于 20 m,面积约 12 500 km^2,湾内地形单调,自湾顶向渤海中央缓倾(图 2.1)。该湾沿岸发育了我国规模最大的潮间带和范围最广、岸线最长的淤泥质海岸,潮滩极其宽广平缓,海湾北侧有一自渤海中部海盆向西伸向海河口的水下深槽,其最大水深紧贴曹妃甸沙岛南侧,也是渤海湾的最深点,约为 41 m。

渤海湾主要受南渤海潮波系统控制,以渤海湾顶和莱州湾东侧为其"腹",振幅较大,以老黄河口为其"节"(无潮点)。潮差具有从湾口向湾顶逐渐增大的趋势,其中湾口曹妃甸平均潮差约 1.5 m,湾顶塘沽平均潮差约 2.5 m,最大潮差 4.0～5.0 m。潮流以往复流运动为主,湾顶近岸水域具有明显的旋转流特性。渤海湾内以风浪为主,平均波高约为 0.6 m,最大波高可达 4.0～5.0 m。本海域的沉积作用与地貌演变不仅受径流来水来沙的影响,还受潮流、环流和风浪等因素的影响。湾内以黏土质粉砂和粉砂质黏土为主,东北沿岸多黏土质粉砂、粉砂和砂质粉砂,沉积类型的分布与毗连陆地河流径流的性质和海岸类型等有密切的关系。近年来,沿岸河口入海泥沙量有急剧减少的趋势,使得海岸侵蚀在泥沙供给上的重要性明显增强,如黄河老河口区及新河口东北区海岸侵蚀量很大,已成为该海域的主要沉积物源。

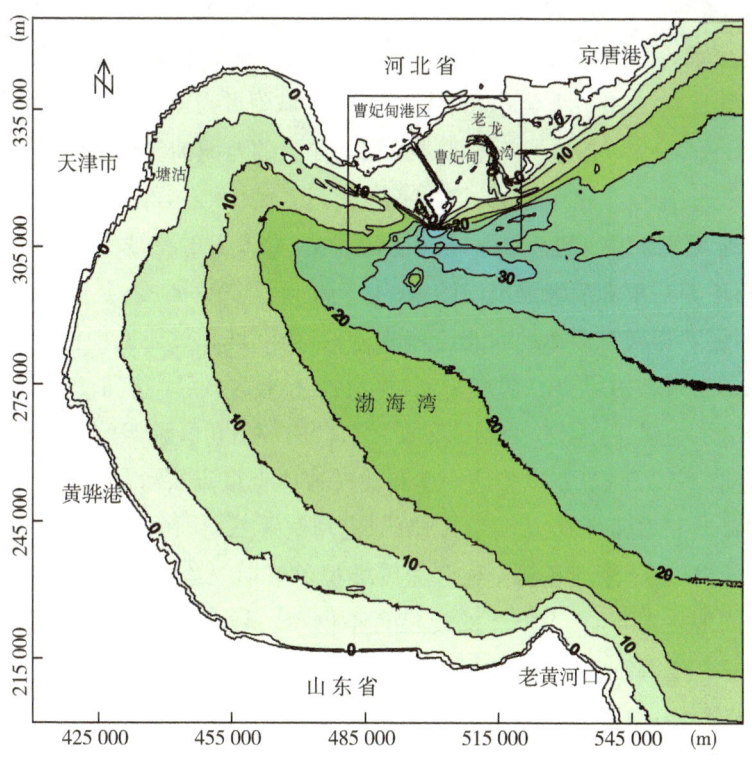

图 2.1 渤海湾水下地形图

2.2.2 滦河废弃三角洲的历史变迁

渤海湾在黄河口与滦河口间,海岸形成演变的历史过程受到了这两条河流的深刻影响。渤海湾海岸大致可分为黄河河口三角洲、渤海湾西海岸和滦河口的三角洲三部分。渤海湾北岸滦河口至曹妃甸沿岸是晚更新世末期以来滦河入海的主要地带,由于滦河口的不断迁移改道形成了由不同时期的亚三角洲互相叠复而成的三角洲体系。丰富的入海泥沙和弱潮环境使该三角洲海岸前缘发育了我国最为完整的离岸沙坝(堡岛)-潮汐通道系统群。前人相关研究表明,该地区的潮汐通道系统具有多种类型,处在不同的发育阶段,且各岸段潮汐通道系统的特征、类型与该段亚三角洲是否被废弃和废弃年龄的大小有关。

滦河是渤海湾地区含沙量仅次于黄河的多沙河流。通过钻孔对沉积物的分析，^{14}C年代测定及考古历史资料显示，因滦河口分流点多次迁徙改道，全新世以来先后形成了全新世早期、全新世中期、历史早期、历史晚期和现代最新的五个次一级亚三角洲堆积体(图2.2)。① 全新世早期三角洲：距今8 000年以前，以滦县为顶点，位于现代滦河以北，昌黎平原县西南；② 全新世中期三角洲：距今8 000至3 000年以前，以马城附近为顶点，经溯河、小清河故道分流入海的泥沙，建造了三角洲平原和其前缘的曹妃甸等滨岸沙坝；③ 历史早期三角洲：距今3 000至460年以前，以汀流河为顶点，经大清河、长河和湖林河分流入海时建造的三角洲，是规模最大的主体三角洲，发育有打网岗、月坨、石臼坨等三角洲前缘的滨岸沙坝；④ 历史晚期三角洲：距今460至100多年以前，随着滦河有规律地向北迁移改道，三角洲堆积体不断向海推进，形成以马庄子为顶点的历史晚期三角洲，滦河经老米沟、滦河岔和江石沟入海的泥沙塑造了蛇岗、灯笼铺、大网铺和湖林口沙岗等三角洲前缘滨岸沙坝；⑤ 最新三角洲：1915年以后，以腰庄—莲花池村为顶点东流入海，堆积了突出平原之外的弧形三角洲平原，发育有破船门、老河底等三角洲前缘滨岸沙坝。

全新世以来，滦河在河口地区先后堆积了五期三角洲。尽管不同时期滦河在不同地点入海，三角洲体的规模大小也不一样，然而每一期三角洲的沉积过程总是遵循统一的模式进行。滦河三角洲属波浪型，是河流和波浪共同作用的堆积体；由于口外海区潮汐作用较弱，波浪对三角洲前缘沙坝的建造起主导作用。滦河流量和输沙量年分配非常集中，每年汛期高含沙量洪流猛涨猛落，泥沙快速落淤使三角洲平原不断向海推进。入海泥沙中较粗的中细砂沉积在河口地带，很快受波浪特别是东北强风的波浪积极改造作用，对泥沙重新进行横向搬运和分选沉积，在三角洲前缘破波带塑造以中细砂粒级为主体的滨外沙坝。滨外沙坝形成后，其内侧水域则与外海分开，形成潟湖湾。如北起塔子沟，南至浪窝口的现代滦河三角洲，其滨外沙坝一般长为1～3 km，宽50～100 m，基部水深为1.3～1.5 m，正处于0.5～1.5 m常见波高的破碎带上，坝高在0.4～5.0 m之间，与常波的破波高相应，顶部高程可达高潮位以上1 m。沙坝内潟湖宽度1～3 km，湖底平坦，成为潮间带。滨外沙坝之间则多发育有小型潮汐通道，其水深多在2 m上下，宽度小于100 m，其位置常与滦河汊流及废弃的洪水期汊流河口相对应。前者如现代滦河三角洲南界滦河岔出口处的浪窝口，后者如河口南侧的老河底、王八湾、网子口等。有的废弃河道已萎缩为潟湖内的潮沟系统，如破船门。

第二章 海域地貌环境分析

图 2.2 滦河不同时期三角洲分布

通过上述分析可知,由于滦河三角洲属波浪型,即使在三角洲正常发育过程中,也可形成堡岛-潟湖型潮汐通道系统。之后,由于河流改道,三角洲废弃,上游泥沙物质来源减少或断绝,三角洲外缘受到波浪的改造,滨外沙坝外缘出现侵蚀而内移。三角洲平原则因波浪、潮流的改造和沉积物压实沉陷而沦为海湾-潟湖,滨外沙坝也成为低潮出露、高潮淹没的堡岛,堡岛间则发育为通道深槽。滦河口与南堡之间沿三角洲平原的外围,分布一系列与岸近于平行的沙坝、堡岛,其在形态上呈阶梯状不连续分布,为不同时期滦河在不同地点入海的泥沙,经波浪横向改造后的堆积体。这些沙坝自西南向东北依次错列,虽然其位置愈来愈靠近海岸,但前一列沙坝的一端总处在下一列沙坝的内侧或向岸侧。这种排列方式反映了沙坝形成时代自西南向东北逐渐变新,这与全新世中晚期以来,滦河先后在曹妃甸、大清河口、湖林口、老米沟改道入海,三角洲也自西向东迁移相继废弃是一致的。滦河三角洲海岸潮汐通道系统的演变与堡岛的形成发育是同步的。滦河各亚三角洲岸线正经历着废弃演变过程的不同阶段,在各亚三角洲岸线上的潮汐通道,和各段岸线的堡岛一样,也处于各自不同的演化状态中。由于本海区的潮汐通道体系是滦河改道,泥沙来源减少或断绝,侵蚀作用使该地区发生局部海进的情况下发育的,因而该体系基本遵循海进时期的发育规律,其发展方向为:封闭潟湖型—半封闭潟湖型—海湾潟湖型,最终转化为海域。曹妃甸和东坑坨海区滦河改道、泥沙断绝最早,因而发育为海湾-潟湖型;湖林口、老米沟一带滦河改道较晚,故形成典型的封闭潟湖型;大清河口地区滦河改道废弃的时间介于两者之间,这里发育了开放性程度较大的半封闭潟湖型。总之,潟湖的封闭程度反映了本海区潮汐通道系统的不同发育阶段。

2.2.3　曹妃甸海区地层剖面解译

近几十年来,曹妃甸沙岛面积虽有所减少,但沙岛依然存在,并未因陆源泥沙供应断绝而被侵蚀消失。那么,曹妃甸濒临的海底泥沙性质、分布与沉积层结构、濒临的渤海潮流通道深槽位置有无迁移或淤浅变化,是大家所关注的。为此,2006 年 4 月中旬对曹妃甸周围海域进行自岸向海垂直岸线的 17 条断面水深、底质测量,范围包括曹妃甸、老龙沟、老龙沟东侧、二龙沟及二龙沟西侧水域。同时,针对曹妃甸深水码头前沿及向陆延伸潮水沟的稳定性分析,选定原底质断面 10(曹妃甸甸头)、断面 13(曹妃甸西侧二龙沟)、断面 05(曹妃甸以东老龙沟),以及甸头和老龙沟之间的 07、08、09 断面进行地震剖面探测(图 2.3)。探测仪器使用 ORE 公司出品的 Geopulse Profiler,根据潮位改正后的水深与地层剖面,获得各段海底的趋势性冲淤变化状况。

(1) 测线断面 10(图 2.4)概况

测量时间:2006 年 4 月 10 日,17:40—18:14;

测线长度:4 354 m;

测线位置:位于曹妃甸甸头前缘,自海向陆,垂直于甸头成南北向走航测量;

海域起点坐标:(38°52′24.0″N,118°30′18.5″E);

向岸终点坐标:(38°54′44.5″N,118°30′16.3″E);

潮时—潮高:17:50—1.00 m,18:30—0.90 m。

据剖面图,自海向陆在测点 1001—1006 之间,为宽约 1 007.3 m 砂质与粉砂质海底,水深约 27.61 m,在 1004—1005 测点间,海底出现约 200 m 宽 1 m 深的浅沟。在 1006 点出现突起,高出海底约 3.58 m,宽 267.4 m。此段平坦海底

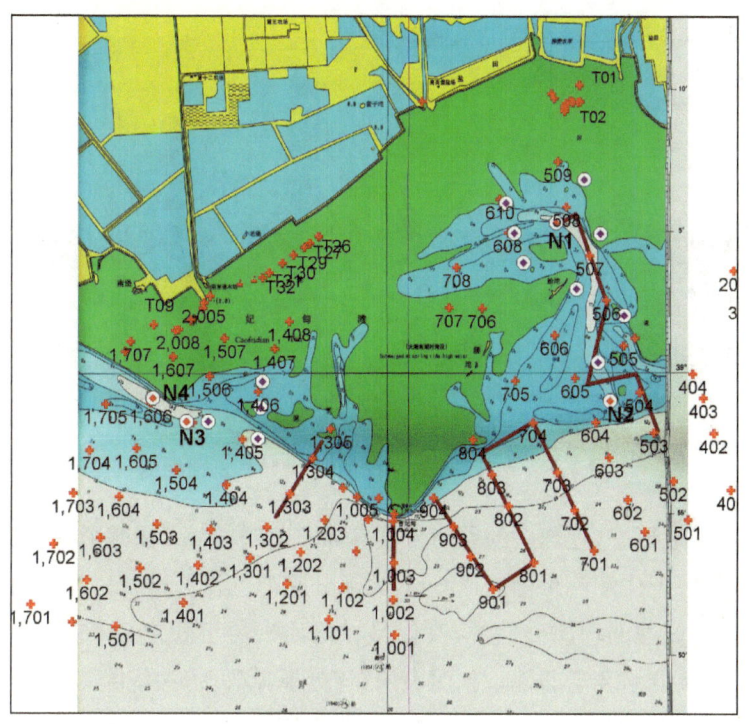

图 2.3　曹妃甸底质断面与地震地层探测剖面位置图

由厚度 6.85 m 具水平层次的沉积层组成,反射图像表明可能为粉砂质砂与粉砂质黏土交互成层,6.85 m 厚的沉积层以下为老地面,似为硬结的砂土层,地面有参差起伏,性质近似于本区赤峰堡砂土层,估计可能为中更新世老地面。

自剖面第 1006 点起向岸,水深加大,超过 30 m,海底与沉积层基底的老地面均呈现为凹下的谷地,谷坡处(1007 测点)显现为断裂的不连续剖面。基底老凹地宽度 3.2 km,埋深在海底 16 m 深处,南侧谷肩(1006 测点)高出老凹地谷底 12 m。海底老凹地上填充了约 16 m 厚的沉积层,其上部为 5～6 m 厚的水平沉积层,其底部为约 10 m 厚的均质砂层(粉砂质砂与粉砂质黏土交互层),两层之间为不整合连续界面,具有侵蚀起伏。老凹地已被沉积物填满成平坦海底,但是此处海底(1007—1017 点)较 1001—1006 点平坦海底低 3 m。

甸头前潮流深槽(1015—1017 点)宽 550 m,谷肩南部高出谷底 1.8 m(位于海底 35.05 m 深处),北部谷肩高出谷底 4.2 m(位于海底 32.43 m 深处)。潮流谷底水深为 36.6 m,沉积较厚的砂质粉砂。

综上可知,现代潮流深槽位于码头前,地震剖面表明潮流通道仍保持完

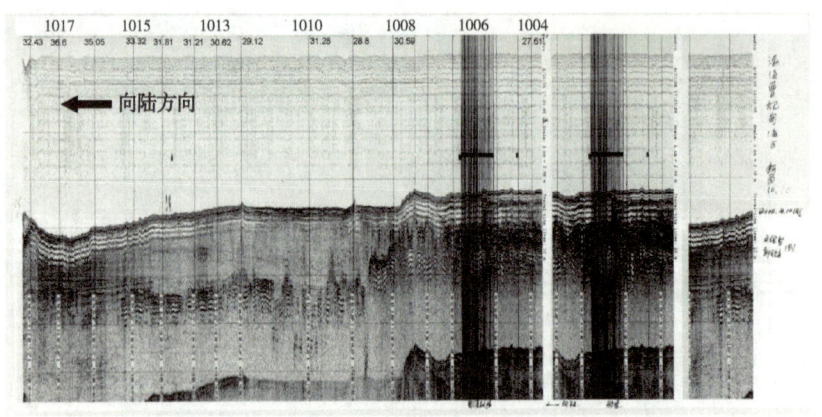

图 2.4 曹妃甸甸头深槽测线 10 地震剖面图像

整的双肩谷地形态(近甸头的谷肩未被破坏)。35～36 m 深槽紧邻甸头分布,沉积着细砂;现代潮流深槽宽 550 m,大部分底部沉积着粉砂。现代潮流深槽是切割于老凹地的均质砂层中,时代是在均质砂层沉积之后,是一个新的侵蚀谷地,小部分承袭老凹地。剖面表明,该处原始即为一构造深槽,老凹地与现代潮流深槽均发育于该构造深槽中。地质历史时期(可能为中晚更新世期间),该处即为深槽、洼地。洼地曾宽超过 3.2 km,水深超过 40 m,后淤积了厚达 15 m 沉积层而被埋藏。现代潮流通道宽 550 m,水深 36 m。与中晚更新世时期的老凹地相比较,曹妃甸甸头潮流通道宽度减少了 5/6,水深减少了 5～10 m。与 1983 年所测海深数据比较,当时 30 m 等深线围绕的宽度为 3 450 m,而 2006 年测得的该数据为 3 347 m,23 年间 30 m 深槽的潮流通道宽度减少了 103 m,而且局部水深淤浅小于 30 m,如:本次的 1008 点水深为 28.8 m,1010 点水深为 29.12 m,略有淤浅。但是,由于滦河已改道,陆地沙源中断,深槽的自然淤积速度是很缓慢的。上述数据表明,现代潮流通道水深超过 32～35 m,宽度达 550 m,因此,仍能保证足够的深水通道供船只通驶与碇泊。实际上,由于 35 m 深水通道直临岸边,有效地制止了波浪在浅水区的变形与侵蚀效应,加之曹妃甸沙岛沙基深厚,所以未曾被侵蚀消失。现经人工筑建码头,已无骤然侵蚀坍塌与骤淤之患,但需防止人工倾废或抛泥。

(2) 测线断面 13(图 2.5)概况

测量时间:2006 年 4 月 12 日,10:14—11:04;

测线长度:5 782 m;

测线位置:位于曹妃甸甸头西侧,NE—SW向自海向陆测,穿越二龙沟海域;
起点坐标:(38°54′56.9″N,118°24′48.8″E);
终点坐标:(38°57′35.2″N,118°26′56.3″E);
潮时—潮高:10:10—1.10 m,11:15—1.30 m。

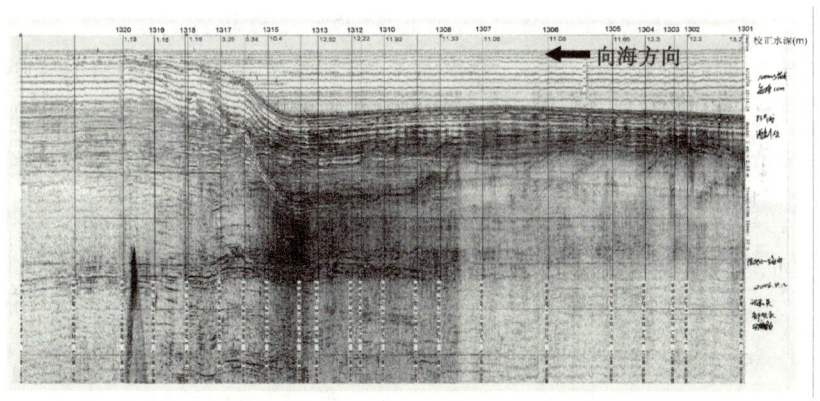

图 2.5　曹妃甸甸头西侧二龙沟测线 13 地震剖面图像

据剖面图发现,平坦的粉砂质海底,岸边水深 1.13～5.34 m(1320—1316 测点间),自 1316 点处岸坡转陡至水深 10.4 m,该处是承袭基底老谷的谷坡(谷坡坡麓深度为 28.6 m,埋于 19.6 m 厚的沉积层下)。陡坡以下现代海底水深为 11～13 m。但其两侧(1314—1310 测点,1304—1301 测点)水深超过 14 m,而中部较浅(1310—1304 测点,约 12 m 深),呈略为上突的海底。

地层剖面清晰表现出中部突起的海底之下隐伏着数列起伏明显的沙坝、丘、脊及一系列埋藏谷。基底深埋于 35.76 m 厚的沉积层之下,是缓波起伏的砂质沉积地面,上覆 12 m 厚砂质沉积层。

上述砂质沉积层的表面,靠岸侧为一谷地,谷宽 1 410 m,谷底位于海底以下 19.6～20 m 深处,此为基底埋藏谷或第一埋藏谷,谷地内已堆积了 7.8 m 厚的水平沉积层。此谷地向海侧(西南方向)出现阶地形态,宽度为 847 m。阶地向陆侧有小型冲沟,向海侧出现穹状沙脊群,由三个脊组成:向海侧的第一个较高大,高约 6.3 m,宽约 771 m,脊顶位于海底以下 6.6 m 深处,坡麓位于海底以下 12.9 m 深处,它的后坡被中间的第二个脊掩覆;第二个沙脊宽 560 m,峰顶埋深于海底以下 10.8 m 处,第二脊前坡爬在第一脊后坡上;内侧靠近阶地的第三个沙脊宽 510 m,峰顶位于海底以下 9.6 m 处,自陆侧的坡麓埋于海底以下 12.6 m 处。

第二埋藏谷位于第一埋藏谷 7.8 m 厚的水平沉积层以上，是谷中谷，宽 800 m，向海侧有阶地形态及水平沉积层（显现出黏土层）部分覆盖在下部的沙脊组合上。第三谷中谷宽度 800 m，与下部谷相等，发育于第二谷中的 2～3 m 厚的水平沉积层之上，谷底具波形起伏，反映了沙坝曾向岸移动。向海侧成阶地状沉积，掩埋了下部的沙脊群组合，使海底略微上突。第四个谷中谷，宽约 800 m，无河床形态，半圆形平滑台地，内有水平沉积层，向海侧出现不明显沙脊状剖面图像，内具向海倾斜层结构，宽度约 423 m，高 1.5 m。

上述图像表明，二龙沟曾为古滦河的一个出口，河口外有海岸沙坝，沙坝内侧为潟湖或潮流通道。潮流通道自下至上均为承袭的谷中谷形态，表明潮流通道位置稳定，嗣后，逐渐淤浅不具谷槽形态，底部宽度自 1 410 m 减为 800 m，最后缩窄为宽 536 m，水深 12.5 m 的浅谷。但是，靠陆一侧始终为陡坡，水流逼岸通过。二龙沟曾为古滦河口一支，沉积层与基底结构适宜于开挖航道与港池而加以利用。

(3) 测线断面 05(图 2.6)概况

测量时间：2006 年 4 月 12 日，14：18—16：38；

测线长度：20 256 m；

测线位置：曹妃甸东侧从海向陆两次穿越老龙沟潮流通道与湾口海域；

起点坐标：(38°54′56.9″N，118°24′48.8″E)；

终点坐标：(38°57′35.2″N，118°26′56.3″E)；

潮时—潮高：14：10—1.6 m，14：45—1.5 m，15：35—1.4 m，16：00—1.3 m，16：30—1.2 m。

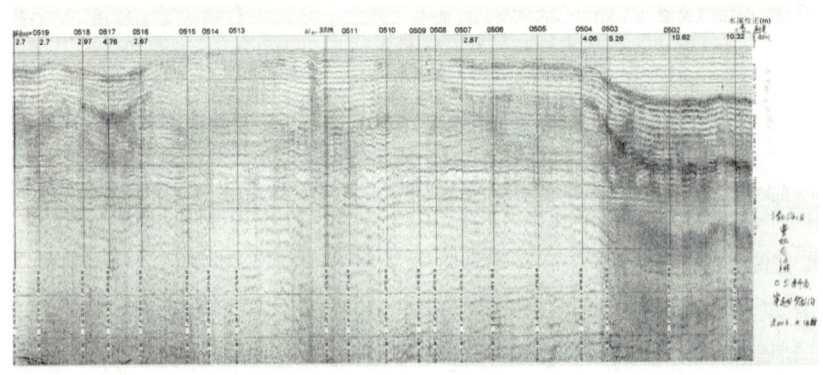

第二章 海域地貌环境分析

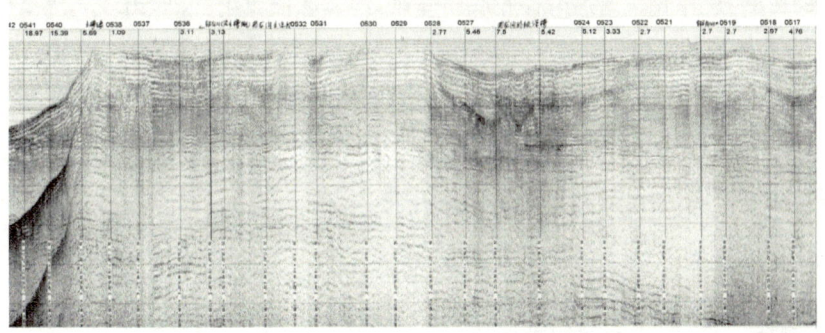

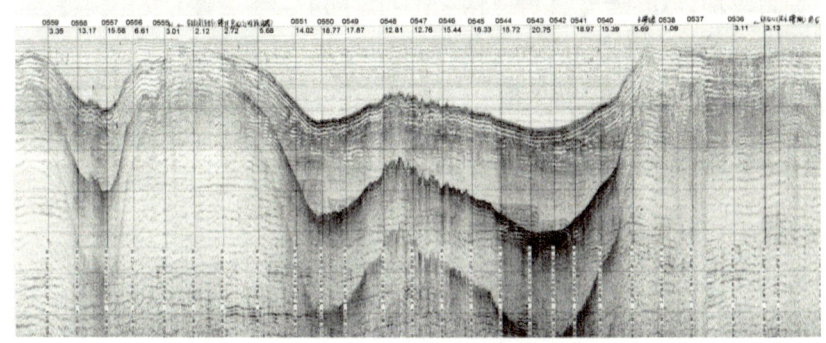

图 2.6　曹妃甸老龙沟地震剖面测线 0501—0519 段

起点(0501)位于近岸的一条水下沙脊向陆侧,起点前端之剖面未现沙脊形态,仅现沙脊后侧之潮流通道。该潮流通道水深 10.6 m,比附近海底(深 4.06 m)深 6.5 m,潮水通道谷底堆积了 14.9 m 厚的沉积层,具水平层理。测线自 0512 测点转向西,测得海底断面水深 2.7～3.0 m,具有深度为 2 m 的浅沟系列,使地面具波状起伏。自 0520 测点转向 NE,显现老龙沟潮水通道,口门断面水深为 2.8～5.4 m,最深处 7.5 m,呈现为较周围海底低下之谷地。

自 0531 测点向北,沿老龙沟潮流通道主轴测量,老龙沟是被潮流改造老河口而成的潮流通道(图 2.6),初入通道处为 3 m±水深的砂、泥质海底,至 0538 测点的沟肩处,水深仅 1.09 m。然后,水深急转直下,沟壁斜坡水深达 15.39 m,该处居右岸,为涨潮流通过的陡岸深槽,水深达 20.75 m,右岸坡麓有类似小型滑坡体。深槽中有 12 m 厚的堆积层,以砂质粉砂为主,间夹薄层黏土,故显水平层次。通道的中段水深 11 m。再向陆地方向,老龙沟通道变窄(斜宽 843 m),

023

水深 15.8～13.1 m。老龙沟谷底底质坚硬,地震层面反射强烈,出现 3 次反射图像。谷底曾经有浅层气体逸出造成底泥层上凸,层次亦呈现上凸形。

综上,老龙沟深水通道可以利用为仅次于甸头外侧深水通道的一级航道,其水深条件优于二龙沟。

(4) 测线断面 09—08—07(图 2.7)概况

测量时间:2006 年 4 月 13 日,11:04—13:46;

测线长度:31 800 m;

测线位置:位于曹妃甸港区东侧,依次测量 09、08 及 07 测线;

起点坐标:(38°55′22.1″N,118°32′21.2″E);

终点坐标:(38°53′48.1″N,118°39′37.9″E);

潮时—潮高:11:10—1.10 m,11:30—1.20 m,12:05—1.30 m,12:45—1.40 m,13:20—1.40 m,13:50—1.40 m。

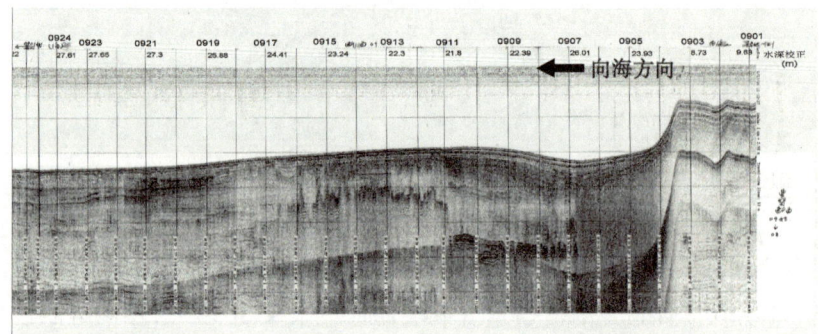

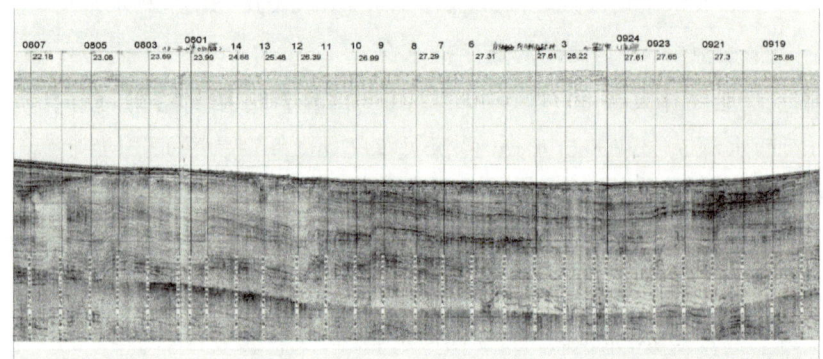

第二章
海域地貌环境分析

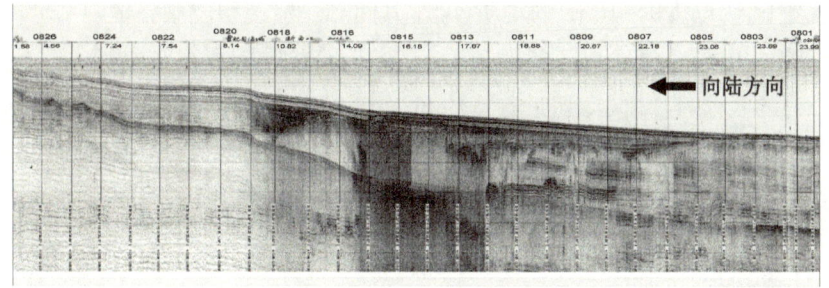

图 2.7　测线 09—08—07 地震剖面

自曹妃甸沙岛岸边向海,水深即达 9.63～10.22 m,至深槽北肩(0903 测点),水深略减少为 8.73 m。向海侧,潮流深槽紧临沙岛之码头前沿分布,界于 0904 测点至 0910 测点之间的现代深槽,宽 1.2 km,自北向南,水深 21～24 m,最深处 26.01 m。

深槽以南海区水深 21.8～22.6 m,并逐渐向海倾斜下降至 27 m 或更深,该处水深条件优越。海底有三个沉积层。砂质粉砂与黏土质交互水平层厚约 3 m,组成现代海底。中部为均质砂层,在现代深槽下厚 12.3 m,在深槽以南海底为 9 m 厚均匀砂层。此砂层厚度大,埋藏浅,分布范围广,可供开采。基底为老地面,向陆(深槽方向)崎岖不平,似微型断层造成的断落,原因不明。在距岸 2 km 处(深槽南岸),老地面有断落,断落带宽度 1 024 m,断距 13.5 m,时代估计发生在均质砂沉积阶段,似为小型滑塌。

在 09—08 平行海岸方向断面,海底平坦,表层为约 3.4 m 厚的具水平层次的黏土质与粉砂质砂层。该层底部为均质砂层,呈现沙波结构,大沙波坡长 570～805 m,呈不对称形态,自 SW 向 NE 延长,NE 侧为陡坡,沙波层叠,反映海底曾受浪(SE、SW 风浪)、流(从渤海湾来的涨潮流)影响显著。均质砂层沉积后,海底有淤泥或黏土质成分加入,形成交叠水平层理,海底底质成分改变,未再形成沙波。

测线 08 自 0801 测点至 0826 测点为从海向陆方向,现代海底在 08 断面起始点处即 0801 测点水深为 24.99 m,至 0812 测点处水深为 17.98～18.3 m,0816 测点水深为 15.6 m,0820 测点水深为 9.03 m,0824 测点水深为 7.24 m,0827 测点处水深为 3.37 m,此处距岸约 1 km,至 0825 测点水深为 1.58 m,水深逐渐减小,距岸远则为安全航行水深。在海底厚 3 m 的水平沉

025

积层之下,为厚度9～18 m的均质砂层,其间有一些小型埋藏谷地。

断面08—07海底水深多为3.3 m(及2 m)。转折点存在水深5.1 m(及3.8 m)的浅槽,自陆向海切谷宽约800 m,谷底由砂质逐渐变为细粒粉砂物质。测线07测点0701自岸向海侧,岸边起始段水深2.18 m,底部向海逐渐倾斜,在海底厚约3.0 m的缓斜水平沉积层下,显现明显的自陆向海之斜层理。至0709测点(水深6.7 m)处,底层出现倾斜断裂现象,与0713测点间形成一不对称谷地,深约2 m。距起点4 760 m处的0720测点,海底出现断陷谷(谷底尖锐),谷口宽246 m,水深17.8 m。自0727测点至0730测点间出现宽达1 115 m谷地。07断面向海老地层多现断裂分隔。05断面老龙沟有地层零落分陷现象,但不像07断面的折断陷落那么尖锐和频繁。

总之,曹妃甸甸头以东,09、08、07断面反映出海底表层沉积层之下,有厚度超过10 m的均质砂层,此层有断裂现象,今后应对此加强研究。

位于曹妃甸沙岛南侧的现代潮流深槽仍保持完整的双肩形态,这表明施工没有破坏其自然槽谷完整性。南北槽宽550 m,槽深35～36 m,粉砂底质。地震剖面图表明,该潮流深槽在地质历史时期以来(自晚更新世至全新世期间)曾有淤浅(水深减少5～10 m)、变窄(潮流通道宽度减少5/6),但近20年来(1983—2006年)水深仅局部减少约2 m,大部分水深仍超过30 m,潮流通道宽度减少约100 m。但其总宽度仍达550 m,水深达32～36 m,足以保证深水码头的通航需求。加之,陆源无河流泥沙供应,沙岛岸侵蚀减缓,港口码头与航道使用水深有保证,而无骤淤之虞。

地震地层剖面图表明,老龙沟也是被潮流改造老河口而成的现代潮流通道,水深自海向陆从20.75 m减少至15.39 m,中段水深11 m,凹岸水深13.1～15.8 m,右侧凹岸(涨潮流向,即东岸)陡深。老龙沟谷底为砂及粉砂质,间夹薄层黏土,底质坚实。现代老龙沟潮水通道优于二龙沟,宜辟为曹妃甸甸头外侧深水航道的一级辅助航道,供中、小型船只行驶。

2.2.4 曹妃甸沙岛成因分析

建立深水码头的曹妃甸沙岛,原是由古滦河入海泥沙经波浪、水流横向堆积的海岸沙坝,沿沙坝外缘亦有NE—SW向泥沙纵向运动,以及坝陆部分有风力吹积之沙丘。但是,在2006年所观察到的曹妃甸沙岛孤悬海中,相对应的海岸平原已无显著的河流出口,因此,该沙坝是何时形成的?在没有现代泥沙补给的情况下,沙岛坝基的稳定性如何? 1959 年渤海湾北部海岸调查时研究人员曾登上沙垒田岛,当时,曹妃殿庙宇已坍塌,菜田废弃,曾认为沙岛会逐渐变小并侵蚀殆尽。但是四十多年后,岛前深槽依然畅通,沙岛虽面积减小,但主体部分与后建的灯塔尚稳定存在。前后调查对比结果发人深省:该沙坝基础深,发育时间长,已形成稳定的沙质岛屿。因而,当前对前人研究论点"曹妃甸等沙岛是全新世中期滦河经溯河、小清河入海时期的三角洲前缘沙堤"有所质疑,认为曹妃甸沙岛形成的时代更老。

古滦河发育了两个大型三角洲体:较新的三角洲体呈扇形,大体上以马城(滦州以南)为顶点,西起西河口(溯河口),东至现代滦河三角洲,三角洲中心位置在大清河与王滩港之间,打网岗、石臼坨、月坨均为河口外围的海岸沙坝;另一个老三角洲体界于涧河口与西河口(溯河口)之间,那时的滦河可能曾于高尚堡、南堡、沙河口及涧河入海。至今,南堡海岸仍呈现为向海突出的三角形滩地,南堡以北陆地平原上仍有一系列断流的干涸河道,以及一些小型河流,如:沙河、小戟门河、咀东河(双龙河)、小青龙河等分流入海。这些河流已不成天然的河流水系,有些废弃河道已被改造利用为输、排水渠道或平原水库。曹妃甸、腰坨、草坨、蛤坨应形成于老三角洲发育时。经过向三角洲平原的内陆方向追溯,在迁西(兴城)与旧城之间,观察到有意义的地质证据:

(1) 迁西以北唐山境内,滦河自北(现为潘家口与大黑汀水库处)向南流,流至迁西似应仍直接向南,经新庄子、姜家营、刘家营,再沿老陡河至涧河口一带入海。但现况却是,在迁西与旧城之间,滦河呈直角拐弯成自西向东流,然后在忍字口与尹庄间向南经黑沿子河口,再经南堡的咀东河河口一带,以及经溯河口入海;嗣后又自尹庄向东至罗家屯向南经小清河、大清河入海,又渐东移至湖林口、老米沟、浪窝口及现代滦河口入海。总之,滦河自迁西突然转折至罗家屯后才又南流入海。这种河流流路的直角转向,或为人工改道,或为地震断层抬升阻挡而成。当时滦河明显的直角转向,系断层抬升阻挡所造成。

(2) 在滦河直角转弯向东流处,其位置相当于($40°09.043'$N,$118°20.236'$E)与($40°09.01'$N,$118°20.236'$E)之间的白龙山村(海拔 106 m)。该村明显地保留着一段被废弃的曲流式老河道,现已抬升为离地面高 12～14 m 的阶地(海拔 118～120 m),此残留的废河道为 NE30°SW 走向,代表着被袭夺前的滦河流向。因具有天然的河曲形式,故非人工河道。阶地背依黄褐色风化砂岩的基岩陡坎,陡坎两级,上部陡坎顶部的海拔高度 140～142 m,比阶地(废弃河道)面高出

20~22 m。下部陡坎的层面高出阶地地面2.4 m,基岩陡坎延伸方向为NE20°,系原河道之基岩岸。

(3) 阶地出露二元相的冲积地层,其剖面从上至下依次为:

a. 上部为30 cm厚的极细砂与粗粉砂层、河漫滩相沉积(表2.1 沉积物粒度分析,白龙山——01号);

b. 2 m厚砂砾层(白龙山——02号),河床相沉积;

c. 90 cm厚砂砾层与黏土块的交互沉积,为侵蚀堆积层(白龙山——03号);

d. 砂层及砂砾层透镜体(取样基底砂层白龙山——04号、05号)。

上述剖面证实目前已高出现代地面12 m的沉积层为改道前的古滦河沉积层,具有砂砾质底层与河漫滩相细砂黏土层之二元相沉积结构。

根据基岩陡坎之古河岸的现代高程,可知此地曾间歇抬升10 m及12 m,故而原基岩河岸高出现代地面22 m,而河床成为12 m高阶地。此抬升系突发型断裂抬升事件,使古河道抬升成小丘,阻挡河流南下,而迫使滦河改道向东。两级基岩陡坎岸,反映出突发型的断裂抬升亦具有间歇特点。而且在第一次抬升约9 m后,河流曾力图按原流向(自NE向SW)流动,但第二次抬升(约3 m)彻底结束了河流向南之流路,而直转向东。

表2.1 滦河平原沉积物粒度组成

样品号	白龙山 01号	白龙山 02号	白龙山 03号	白龙山 04号	白龙山 05号	赤峰堡	野鸡坨 08号	野鸡坨 09号
平均粒(M_Z)	3.175	−2.532	6.191	1.424	4.854	4.337	3.032	2.895
分选性($Ó_I$)	1.506	0.730	1.043	0.590	1.718	1.897	1.271	1.240
偏态(SK_I)	0.047	0.830	0.076	0.085	0.055	0.058	0.213	0.297
峰态(K_G)	1.717	2.068	0.967	1.037	1.052	1.007	1.596	1.788
$D_{50}(\Phi)$	3.206	−2.815	6.147	1.406	4.775	4.287	2.995	2.843
砾	0.0%	90.6%	0.0%	0.0%	0.0%	0.0%	0.0%	0.0%
砂	77.3%	9.4%	0.7%	97.8%	31.1%	43.6%	83.0%	86.8%
泥	22.7%	0.0%	99.3%	2.2%	68.9%	56.4%	17.0%	13.2%
极粗砾	0.0%	0.0%	0.0%	0.0%	0.0%	0.0%	0.0%	0.0%
粗砾	0.0%	0.0%	0.0%	0.0%	0.0%	0.0%	0.0%	0.0%
中砾	0.0%	0.0%	0.0%	0.0%	0.0%	0.0%	0.0%	0.0%
细砾	0.0%	81.1%	0.0%	0.0%	0.0%	0.0%	0.0%	0.0%

续表

样品号	白龙山1号	白龙山2号	白龙山3号	白龙山4号	白龙山5号	赤峰堡	野鸡坨08号	野鸡坨09号
极细砾	0.0%	9.6%	0.0%	0.0%	0.0%	0.0%	0.0%	0.0%
极粗砂	1.4%	4.3%	0.0%	0.0%	0.0%	0.0%	0.0%	0.0%
粗砂	6.7%	4.5%	0.0%	23.8%	0.7%	1.9%	2.2%	0.3%
中砂	8.3%	0.4%	0.0%	59.8%	4.2%	8.7%	12.6%	15.0%
细砂	25.5%	0.2%	0.0%	12.7%	8.4%	13.5%	35.4%	41.7%
极细砂	35.4%	0.0%	0.7%	1.5%	17.7%	19.4%	32.8%	29.8%
极粗粉砂	11.2%	0.0%	11.6%	2.1%	24.4%	21.7%	8.8%	4.5%
粗粉砂	3.5%	0.0%	32.2%	0.0%	20.1%	15.5%	2.0%	1.5%
中粉砂	4.9%	0.0%	33.2%	0.0%	12.9%	9.8%	2.6%	2.8%
细粉砂	2.6%	17.4%	0.0%	0.0%	7.9%	6.5%	2.2%	2.5%
极细粉砂	0.6%	0.0%	4.8%	0.0%	3.4%	2.8%	1.3%	1.6%
黏土	0.0%	0.0%	0.1%	0.0%	0.1%	0.1%	0.0%	0.2%
沉积物定名	极细砂与粗粉砂	细砾（砂砾）	粉砂	中等程度分选的中砂	极细砂与极粗粉砂	极细砂与极粗粉砂	粗粉砂质细砂	粗粉砂质细砂

　　根据基岩陡岸地面的高度，可以判辨古滦河在迁西改道折向东流，非全新世事件，可能为更新世事件。迁西以南约 119.6 km 宽的平原及以南堡为中心出口的三角洲体，应是改道前的古滦河输运泥沙所堆积形成，这么大宽度的平原非近 5 000 年来滦河泥沙所能堆积而成，时代应更早，可能为更新世中晚期。迁西及罗家屯以南的广袤平原，虽经开辟为农田，但是根据一些微地貌组合的残留遗迹，以及沉积物组成的特性，仍可追溯平原的成因。

表 2.2　滦河平原沙坨明细表

系列	名称	位置	排列方向	目前高度	物质组成	备注
第一列	野鸡坨	迁安南界 39°52.158′N, 118°40.95′E	NE—SW 近 E—W	5~2 m（经人工挖砂拉平）	黄棕色粗粉砂质细砂，含淡水小螺、牡蛎碎片	低山丘陵环绕的平原中，可能为滦河流出山地时形成的海湾沙坝
	赤峰堡	野鸡坨以西	E—W 向垅岗	3 m±，岗顶建人工渠	硬结砂、黄棕色（泛红）极细砂、粉砂	可能经过湿热化气候之淋溶风化，时代可能相当于中更新世(Q2)

续表

系列	名称	位置	排列方向	目前高度	物质组成	备注
第一列	龙坨,麻湾坨	崇家峪以南	E—W	3 m	极细砂、粉砂	海湾沙坝
	庄坨	杨黄岭南	E—W	2～3 m	极细砂、粉砂	海湾湾口沙坝
第二列	黄坨→大庄坨→塔坨→西晒甲坨→东尖坨→晒家坨	古冶区,滦县,秦皇岛市	E—W	2～3 m	极细砂、粉砂	可能古海湾湾口沙坝
第三列	大茨榆坨,前龙坨,马坨店	滦县西南界,秦皇岛市	E—W	2～3 m	黄色细砂、极细砂、粉砂,含贝壳屑	海岸沙坝
第四列	青坨营	滦南县西部,茨榆坨以南6.9 km	E—W	2～3 m	黄色细砂、粉砂,含贝壳	海岸沙坝
第五列	辉坨,爽坨,于家1坨	丰南区东南部,青坨营SW 7 km处,秦皇岛市与乐亭县之间	E—W	2～3 m	黄色细砂、粉砂,含贝壳	海岸沙坝
第六列	孙家坨,西万坨,青坨,茨榆坨,胡家坨,翠坨,大黑坨	滦南县,乐亭县	E—W	2～3 m	黄色细砂、粉砂,含贝壳	海岸沙坝(范围广)
第七列	芝麻坨→东黄坨、西玉坨→坨里→东青坨→阁楼坨→溪家坨、前王坨子	滦南县西南部,滦南县东南部,乐亭县	E—W	2～3 m	黄色极细砂、粉砂,含贝壳屑	大型海岸沙坝系列
第八列	高尚堡,尖坨子	唐海县,南堡东北方,南堡西北方	E—W	3 m	贝壳沙堤,地表为粉砂淤泥层,底层有细砂	海侵型贝壳堤堆积
第九列	南堡	咀东河口的西侧	E—W	3 m	贝壳沙堤残留,地表为粉砂淤泥层,底层有细砂	海侵型贝壳堤堆积

  断续的河道与干涸洼地,尚可辨识出自迁西向南、自忍字口与尹庄间向南以及自罗家屯向南的古今滦河三股主要的河道。大体上,滦县以南,河道分流增多,呈现出两个三角洲体的水流分布势态。平原地势自北向南逐渐降

低,组成物质的粒径亦发生变化:从北部的砂砾层与中砂、细砂层,向南逐渐变为细砂、粗粉砂以及极细砂,粉砂与粉尘沉积,至南堡已为黏土质淤泥沉积。但沉积物组成以石英、长石及深色矿物为主体,与滦河泥沙相同。

自迁安市南界向南,平原上分布着九列东西向排列的沙坨(表2.2),经判别是古滦河口外老海岸沙坝与坝顶沙丘的遗迹。第一列到第七列沙坨,是由海岸沙坝并陆后的残留地貌。其中第一列与第二列沙坨,是滦河流出山地至低缓丘陵区后所发育的海湾沙坝与海岸沙坝,当时泥沙较多,堆积地貌高大(野鸡坨与赤峰堡),其沉积层颜色较深,为黄棕色,估计是受到湿热的气候影响,可能是更新世中期(Q_2)的堆积。第三列至第七列均为由滦河泥沙供给、并受风浪与岸流影响形成的海岸沙坝。沙坝外围环绕着原始海岸,拦阻了滦河泥沙,逐渐使沙坝向陆侧浅海、潟湖填充而发育了冲积海积平原,一列列的沙坝成为陆地上的沙坨(图2.8)。平原上河渠多,粉砂质细砂与黏土沉积,经充足淡水灌溉多为绿色田野。至第七列沙坨——东黄坨、坨里、阁楼坨向南,平原景色截然不同,为缺乏淡水,缺乏林、草的粉砂和淤泥质盐土平原。高尚堡、南堡、尖坨子为盐土平原上的贝壳质海岸沙堤(图2.9)。对贝壳堤中的砂质成分——石英、长石、黑色矿物等分析对比发现,仍为来自滦河的粉砂与极细砂。但是,第八、九两处沙坨发育时,因平原宽展而海岸坡度平缓,潮流动力突出,发育了潮滩,嗣后,可能由于泥沙补给不足,潮滩遭受激浪冲刷,掏蚀潮滩沉积,于陆上岸线堆积形成贝壳堤。现代南堡、高尚堡等处外围为粉砂淤泥质潮滩海岸。

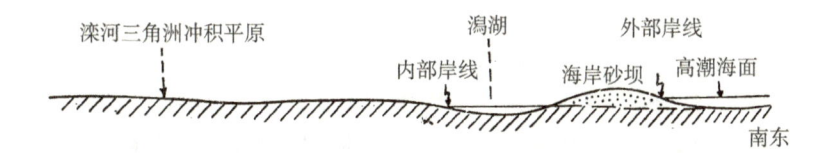

图2.8 砂坝环绕的滦河三角洲冲积平原海岸地貌综合图示

图2.9 南堡海积平原海岸地貌综合图示

曹妃甸（原沙垒田岛）物质组成为棕黄色砂层，以细砂为主，海滩上分布着中砂、细砂及贝壳屑，而沙岛顶部风成沙丘处为极细砂与粉砂层，砂质沉积源于滦河入海之泥沙。据曹妃甸沙岛分布的位置，估计是滦河自迁西改道向东流后，初次经忍字口与尹庄间向南流时，古滦河口曾经历过第二列沙坨——塔坨、第三列茨榆坨、第四列青坨营、第七列东黄坨等一系列沙坝加积的海岸淤进阶段，至高尚堡一带出口堆积第八列沙坝时形成，曹妃甸沙岛是在第八列沙坨时期的岸外沙坝基础上由沙丘加积后发育的。其沉积质地与高尚堡贝壳堤不同，高尚堡、南堡贝壳堤时代晚于曹妃甸，是全新世海侵时增高的海面与海岸动力冲刷原沙质平原海岸及滩涂，由激浪与激浪流堆积潮滩中的贝壳与泥沙所形成的贝壳堤，而曹妃甸沙岛系形成于古滦河输沙量巨大时的沙质海岸带，是由动力较强的波浪与激浪流所堆积的海岸沙坝。对比冀东海岸沙丘、沙滩广泛发育的时期，推测曹妃甸形成于晚更新世末低海面后期或全新世早期海侵时。而野鸡坨、龙坨、麻湾坨及以南的冲积海积平原主要于中更新世至晚更新世形成。南堡盐场和大清河盐场一带潮滩是全新世中期以来，海侵改造基底平原海岸的产物。

2.2.5 曹妃甸海区动力沉积环境历史演变过程

如上所述，根据滦河改道和三角洲形成废弃的过程分析，按时间递变顺序，曹妃甸近岸海区全新世以来大致经历了以下几个主要动力沉积环境演变阶段：

(1) 潮汐动力控制的浅海沉积环境

大约距今 8 000 年以前，南堡平原地区仍为广阔的浅海区，岸线在几十千米之外，其动力沉积环境与今天的渤海湾相似。此时期本海区没有较大的河流注入，波浪动力作用也相对较弱，泥沙运动在潮汐动力控制的沉积环境中以缓慢的淤积作用为主，沿岸发育有大片的泥质潮滩和淤泥质海岸。

(2) 径流与波浪动力作用的三角洲快速淤展环境

距今 8 000 至 3 000 年期间，滦河改道后溯河、小清河故道在曹妃甸海区注入渤海湾，上游大量的来沙沉降在河口地区形成河口三角洲，其沉积演变过程与现代滦河三角洲相似。即三角洲的演变受径流和波浪动力的共同作用，一方面河流大量来沙落淤使得三角洲快速向海淤积前展，另一方面三角洲前缘的泥沙在波浪的横向搬运和分选作用下形成滨外沙坝，本海区的海岸线也由淤泥质海岸转变为沙质海岸。在滦河三角洲向海快速推进的过程中，滨外沙坝不断与泛滥平原直接相连并被洪水破坏改造，同时滨外形成新的沙坝，孕育新的潟湖，发育新的潮汐通道系统。大约 3 000 年前，当三角洲推进到今天的曹妃甸海区附近时，在三角洲前缘发育了曹妃甸沙岛的雏形。地层勘测结果表明，曹妃甸砂层基础深厚，沙岛雏形始现于海底 60 m 处，砂基厚度超过 50 m。1996 年曾在甸头 12～14 m 等深线处取样进行 ^{14}C 测年分析，结果显示沉积年代为 3 381±136 年。

(3) 波浪与潮流动力作用的沙坝蚀退环境

距今大约 3 000 年前，滦河再次发生改道，上游泥沙物质来源断绝，曹妃甸海区泥沙供给不足，三角洲前缘的滨外沙坝在波浪的改造下发生侵蚀而内移，形成曹妃甸、腰坨、蛤坨等一系列的堡岛；三角洲平原则因波浪潮流的改造和沉积物压实沉陷而沦为海湾-潟湖。同样，滦河在大清河口入海后经过类似的沉积演变过程，在此时期东坑坨等离岸沙坝发育后，老龙沟潮汐通道系统才初步形成。老龙沟潮汐通道系统形成后，涨、落潮水只能通过相对狭窄的口门进出，故水流被束窄，流速增大，造成口门附近深槽水道的冲刷。虽然本海区平均潮差较小，但由于纳潮水域广阔，因此潟湖纳潮量巨大，涨、落潮流动力强劲，构成了塑造和维持老龙沟潮汐通道深槽的主要动力条件。2006 年，沿老龙沟潮汐通道主槽进行了地震地层剖面探测，研究结果也表明，老龙沟是古河口被潮流改造而成的现代潮流通道，其谷底为砂及粉砂质，间夹薄层黏土，底质坚实。

曹妃甸沙岛前沿海区原为一始自海河口且伸向渤海海峡的构造深槽，后发育为水下河谷并伴有一定程度的淤积。当滦河三角洲推进到附近海区时，该深槽在一定程度上延阻了三角洲向前推进。2006 年在该通道深槽进行了地震地层剖面探测，研究结果表明水下河谷与现代潮流深槽均发育于该构造深槽中，现代通道深槽切割于古河谷的均质砂层中，时代是在均质砂层沉积之后，是一个新的侵蚀谷地，小部分承袭古河谷。曹妃甸沙岛形成发育过程中，其岬角地貌引起局部潮流流速明显增大，不断冲蚀海床，从而形成现在的通道深槽。曹妃甸岬角由松散沉积物组成，与一般的基岩岬角明显不同，其形成的具体过程与如何长期保持稳定状态仍有待进一步研究。

对于老龙沟潮汐通道而言，其泥沙物质来源断绝最早，正由海湾-潟湖型向海湾型转变。众所周知，在泥沙供应丰富的潮汐通道海岸，波浪作用与潮棱体的作用相反,起趋于封闭口门的动力作用。而在泥沙供应不足的潮汐通道海岸,波浪作用将趋于扩大口门并进入纳潮水域,随着岛后浅水域的扩大,波浪作用将最终取代潮汐作用而覆盖整个纳潮水域,此时潮汐通道将消亡。也就是说,不待堡岛弧链全部演变为内陆架浅滩,纳潮水域造成的潮流动力已失去维持口门的作用。老龙沟潮汐通道目前正处于消亡阶段,但应该说这种演变是长时期的过程,最终消亡要以千年或万年计。

2.3 曹妃甸海岸地貌体系及特征

曹妃甸近岸海区位于渤海湾与辽东湾交界过渡地带,海岸与海底地貌类型复杂。滦河口以南至涧河口沿海以大清河口、南堡为界,根据其不同类型及特征,可划分为三个明显不同的岸段(图2.10)。

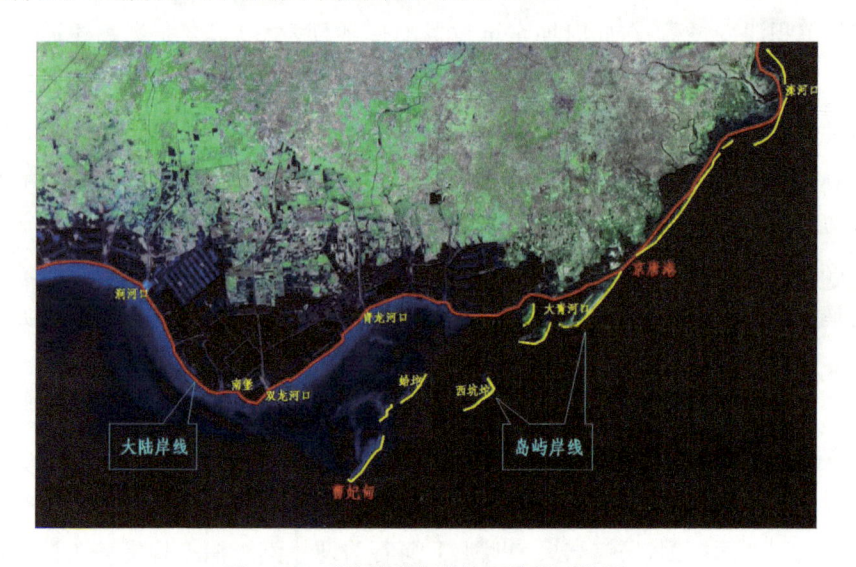

图 2.10 渤海湾曹妃甸海区海岸形势图

大清河口至滦河口岸段长约 50 km,为沙质海岸。海岸走向近 NE—SW,岸线较为平直,沿岸地势低平,以沙滩为主,水下岸坡较陡,堆积地貌不发育;自然水深较好,5 m、10 m 等深线分别离岸约 1.5 km 和 6.5 km。本岸段近岸海域发育多处潟湖和离岸沙坝岛,其中打网岗是滦河三角洲外围最大的堆积体,原有灯笼铺沙岛,现与陆地相连。京唐港区岸线位于湖林口至小港之间,南北两端沙坝潟湖均在此消失,海岸直接与海相接。南堡至涧河口岸段陆域为海积平原，属粉砂淤泥质海岸。陆域沿岸有古贝壳堤一条，堤外发育了现代粉砂淤泥质浅滩，宽度达 3.5 km 左右。本岸段历史上受到黄河和滦河细颗粒泥沙的影响，海积作用较强，目前潮滩仍在淤长，在围涂养殖和盐田开辟等人类活动的影响下，每年平均淤进速率可达数十米。

　　大清河口至南堡岸段双重岸线特征明显，内侧大陆岸线为沿滦河古三角洲前沿发育的冲积海积平原，地势低平，海拔 1~3 m，沿岸多荒滩地和盐场；外侧是曹妃甸、腰坨、蛤坨和东坑坨等沙岛构成的沙质岛屿岸线，与大陆岸线走向基本一致；沙岛与陆岸之间则发育有潟湖湾和大片潮滩，沙岛间还有潮汐通道深槽发育(图 2.11)。本岸段发育有三个相对独立的潮汐深槽海岸动力地貌体系，其中曹妃甸岬角-深槽地貌体系主要由曹妃甸沙岛及其前沿深槽组成，老龙沟潟湖-潮汐通道海岸地貌体系主要由蛤坨和东坑坨等离岸沙坝、老龙沟潟湖湾、通道深槽与拦门沙等组成，南堡深槽-潮流沙脊海岸地貌体系主要由南堡深槽与潮流沙脊组成(图 2.11)。

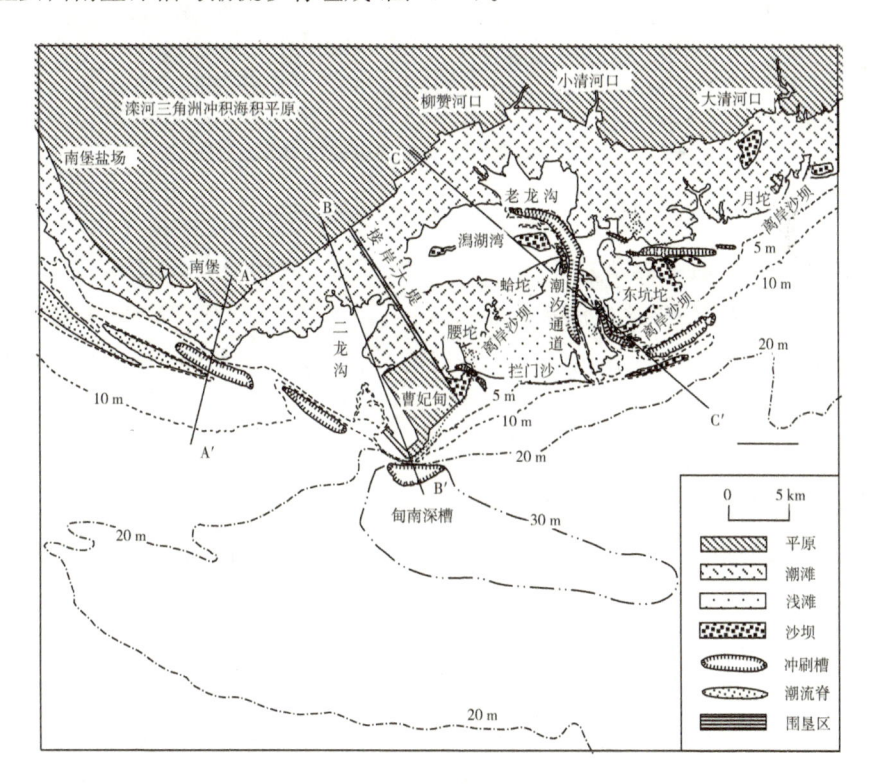

图 2.11　曹妃甸海区潮汐深槽海岸地貌体系示意图

2.3.1 曹妃甸岬角-深槽海岸地貌体系

曹妃甸沙岛位居渤海湾北岸岸线转折处,原为 NE—SW 向的带状沙岛,距离大陆岸线约 19 km,自然高程 2～4 m,在平均海平面以上沙岛长约 8 km,宽 400～700 m(图 2.12)。曹妃甸岛北侧与大陆岸线之间分布有大片浅滩,平均水深 1.5 m 左右,高潮时大部分滩面被水淹没,低潮时出露水面。其中大清河口、南堡和曹妃甸之间平均海平面 0 m 以上的浅滩水域面积约 450 km²。

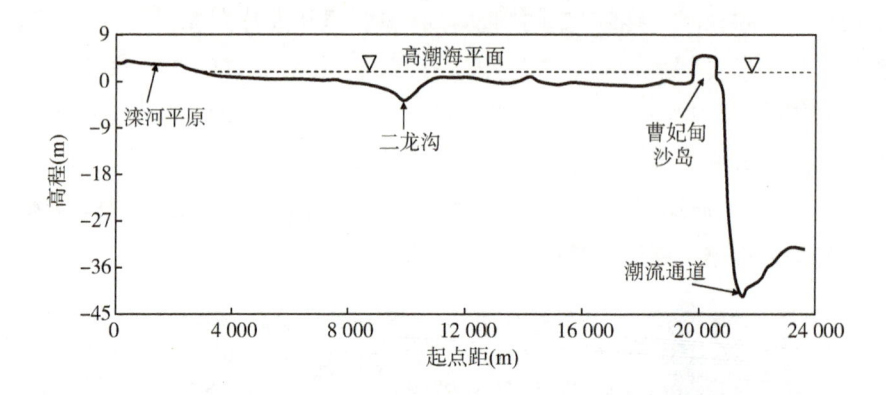

图 2.12 曹妃甸海区曹妃甸典型断面 BB′地形图

曹妃甸岬角地貌特征明显,曹妃甸沙岛以岬角的形态向南深入渤海湾,甸头前沿即为通道深槽水域,其水下岸坡陡峻,30 m 等深线距岸仅 400～500 m(图 2.12)。该通道深槽是渤海湾最深的水域,天然水深一般可达 25 m 以上,最大水深达 41 m,其中 30 m 深槽长达 26 km,宽 3.5～7.5 km(图 2.11)。该深槽发育于渤海湾北侧,始自渤海海峡且伸向海河口的东西向水下谷地,深槽区受甸头岬角效应影响明显,成为本海区的潮流最强区,这也是深槽水深能够维持的主要动力因素。从水深条件看,曹妃甸前沿深槽是渤海湾内少有的深水良港港址,甸头前沿 25 m 和 30 m 的深水岸线分别长达 9 km 和 6.5 km,25 万吨级以上大型船舶可从外海直接驶入本海域。

2.3.2 老龙沟潟湖-潮汐通道海岸地貌体系

老龙沟潟湖-潮汐通道系统是古滦河废弃河口三角洲沉积体长期被改造的产物,主要由离岸沙坝(堡岛)、潟湖和潮汐通道三大地貌单元组成(图 2.13)。其中,离岸沙坝主要由内、外两列几乎平行的沙岛组成,内列以曹妃甸、腰坨、蛤坨等沙岛为主体，外列则主要由东坑坨和月坨沙岛组成。沙坝内侧为大面积的潟湖纳潮水域，沙坝之间则发育有两条通道深槽，形成潟湖东、西口门(图 2.13)。该三大地貌单元以动力为基础，以泥沙运动为纽带，形成一个完整的海岸动力地貌体系。在这个体系内，各地貌单元相互依存、相互作用和相互影响。

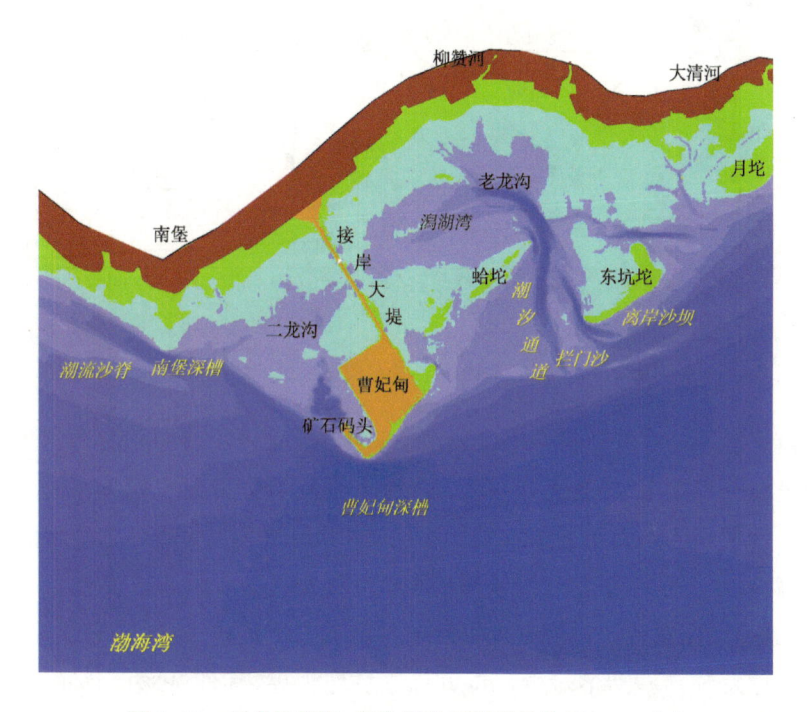

图 2.13　老龙沟潟湖-潮汐通道海岸地貌体系(2006 年)

老龙沟海岸体系中的内列离岸沙坝主要由曹妃甸、腰坨和蛤坨等几个不连续的带状沙岛组成，其自 SW 向 NE 依次排列。沙岛发育于水深小于 1 m 的浅滩上，宽度相对较窄，仅 100~900 m。沙坝内侧坡度较缓，为潟湖湾的主要纳潮水域。外海一侧至潮汐通道口门之间则发育有大片的水下浅滩，水深小于 5 m 的浅滩面积约 61.5 km^2。东坑坨为外列沙坝的主体，其是一"L"形离岸沙岛，距曹妃甸甸头约 19 km，距大陆海岸最近约 9 km。该沙岛主体长约 6.8 km，宽 0.4~3.2 km，面积约 7.7 km^2，高潮时大部分滩面被水淹没，低潮时出露水面。东坑坨发育于老龙沟东、西口门之间，沙坝外侧坡度较陡(图 2.14)，外海的波浪可直接传入较浅水域作用于海床泥沙。对于沙坝内侧与潮沟之间的水域，由于沙岛主体对波浪动力有着较好的遮蔽作用，加之对两侧潮沟的涨潮流具有挑流作用,因此形成大片的回流缓流区,海床长期以沉积作用为主,该水下浅滩坡度平缓,理论最低潮面 0 m 以上水域面积达 29.3 km²。月坨位于大清河口西侧,其距大陆海岸较近,仅 4~5 km,该沙岛长约 6.5 km,宽 1~2.5 km,面积约 11.9 km²。

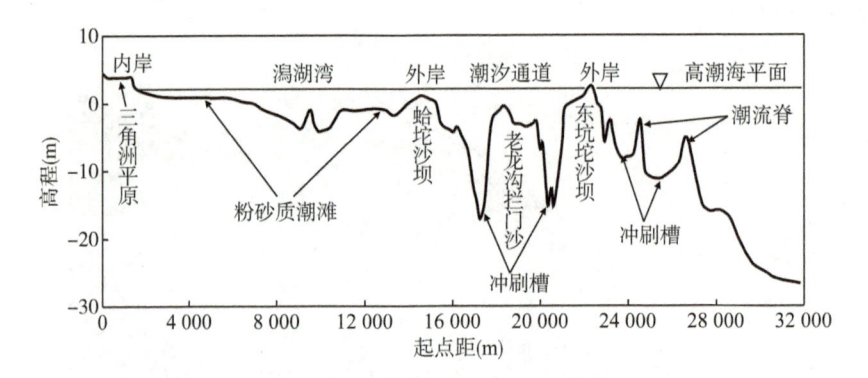

图 2.14　曹妃甸海区老龙沟典型断面 CC′ 地形图

离岸沙坝的存在使得本海区形成双重岸线,并将沙坝内侧的潟湖浅滩水域与外海分离出来,导致两者在动力条件和地貌特征方面有明显不同。本海区离岸沙坝内侧潟湖湾纳潮水域面积约 350 km²,湾内发育有大面积的粉沙质潮坪,其中 0 m 以上的浅滩水域面积约 160 km²。湾内 2 m 潮沟呈树枝状分布,其中以指向曹妃甸接岸大堤的两条潮沟最大。由 2006 年测图可知,湾内有深槽发育,最大水深达 21 m,并以东坑坨为界,有东、西两个口门与外海相通(图 2.13)。注入老龙沟潟湖湾的河流主要有柳赞河与小清河等,河流上游来水来沙量极小,径流对潟湖湾的影响可以忽略。由于离岸沙坝的遮蔽作用,外海传来的波浪多在离岸沙坝外侧浅水区发生破碎,因此湾内波浪动力影响较弱。加之本海区平均潮差较小,浅滩平均水深仅约 1.5 m,故随着涨、落潮水的升降形成大面积的漫滩水流,动能大部分被摩阻损耗,流速较小。

虽然本海区平均潮差较小,但由于纳潮水域广阔,因此潟湖纳潮量巨大,纳潮水体进出时受到离岸沙坝的约束,使得涨、落潮流动力强劲,在离岸沙坝间形成老龙沟大型潮汐通道深槽。其以东坑坨为界又可分为东支和西支。其中东支近东西向,规模相对西支而言较小,长约 13 km。目前 2 m 深槽全线贯通,宽 200~1 200 m,最大水深约 19 m。西支为老龙沟潮汐通道深槽的主体部分,由蛤坨北侧的潟湖发源后,近南北向延伸入海,长达 17.5 km,宽 2~

12 km,其 5 m 深槽全线贯通,宽 0.4～1.5 km,最大水深可达 22 m。东支与西支口门附近均有拦门沙浅滩发育,其中西支通道的 2 m 深槽由蛤坨附近的 2 km 迅速展宽至东坑坨附近的 11 km,落潮水流逐渐扩散,泥沙不断落淤,形成大规模拦门沙浅滩,且由于口门水域宽阔,涨、落潮流流路不一致,在口门附近形成东、西两个明显的潮流冲刷槽。西槽为主槽,深槽的水深与宽度在向海方向上逐渐减小,最大水深由蛤坨附近的 22 m 减小至口门拦门沙处的 5 m,5 m 深槽宽度也由 1 800 m 缩窄至 330 m。东槽为副槽,紧贴东坑坨沙岛,宽 800～1 200 m、长约 7 km 的 5 m 深槽呈指状指向上游,通道内最大水深 19.6 m。东、西两槽之间的缓流区泥沙大量落淤而形成浅滩,水深不足 2 m 的水域面积约 5 km^2。该浅滩主体大部分都在海平面以下,只有极小区域在低潮时出露海面,最浅处水深约为理论最低潮面以上 1 m。老龙沟东支口门水域也较为宽阔,在其西侧靠近东坑坨的位置也发育有大片浅滩,并向下游延伸至口门附近,严重影响通道深槽水深状况。受此影响,该通道主槽水深在长约 5.5 km 的范围内,迅速由 19.0 m 减小至口门的 3.2 m。由于口门较开敞,近年涨、落潮冲刷槽也有趋于分汊的趋势。

2.3.3 南堡深槽-潮流沙脊海岸地貌体系

南堡位于渤海湾北岸岸线转折处,东距曹妃甸约 19 km。南堡至曹妃甸岸段双重岸线特征明显,内侧大陆岸线为沿滦河古三角洲前沿发育的冲积海积平原,地势低平,海拔 1～3 m,沿岸多荒滩地和盐场,外侧是曹妃甸、腰坨、蛤坨和东坑坨等沙岛构成的沙质岛屿岸线,与大陆岸线走向基本一致。南堡岸段与曹妃甸具有相类似的岬角地貌特征,其中前者位于内侧大陆岸线转折处,后者位于外侧沙质岛屿岸线转折处。

南堡岸外近海区具有滩-槽-脊的典型水下地形特征(图 2.15)。其中潮滩多由黏土质粉砂或粉砂组成,潮滩宽 2～4 km,坡度平缓,为 0.38‰～0.94‰(1/1 060～1/2 620),平均高程在 1 m 左右(理论基面),高潮时大部分滩面被水淹没,低潮时出露水面。岸外 4～9 km 位置则发育一条与海岸基本平行的巨大水下潮流沙脊,其呈舌状自黑沿子岸外一直延伸至南堡附近,长约 35 km。该沙脊宽 2～3 km,脊顶水深多在 1～2 m 之间。潮流沙脊与潮坪之间则是一狭长的潮流冲刷槽,即南堡深槽,其走向基本与岸滩平行,10 m 深槽长约 5 km,宽约 900 m。该深槽最大水深可达 16 m,位置靠近南堡岬角,深槽水深具有自东向西逐渐减小的趋势,向西至北堡附近水深减小至 3~4 m。脊槽高差也从南堡附近的 15 m 左右减小至北堡附近的 2 m 左右。

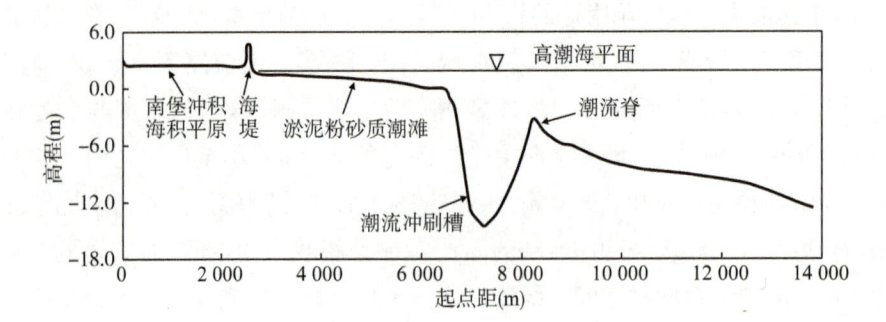

图 2.15　南堡岸段典型断面 AA′地形图

第三章
动力环境及稳定性分析

3.1 水流泥沙输移特征

曹妃甸海区无大河直接注入，流入本海区的主要有青龙河、柳赞河与小清河等小河，上游来水来沙量极小，径流的影响基本可以忽略。渤海湾顶入海河流则主要有海河、徒骇马颊河等水系，由于曹妃甸海区距离上述河口较远且渤海湾涨潮量巨大，因此其入海水沙对本海区也没有明显的直接影响。可见，对于本海区的滩槽演变而言，径流动力的影响基本可以忽略，潮流、波浪以及两者共同作用下的泥沙运动才是影响其发育演变与滩槽稳定性的主要动力因素。

3.1.1 潮汐与潮流特征

1. 潮汐特征

曹妃甸海区位于渤海湾湾口北侧，位于两个无潮点之间，主要受南渤海潮波系统控制。本海区潮汐形态系数为 0.77，潮汐性质属不规则半日潮，即一天发生两次高潮和两次低潮，相邻两潮潮高不等，特别是小潮潮位过程比较复杂，接近全日潮，存在明显潮差不等现象（图 3.1）。本海区属弱潮海岸，平均潮差由东向西逐渐增大，其中大清河口、柳赞、曹妃甸甸头、南堡和涧河口 2006 年 3 月实测平均潮差分别为 0.75、0.93、1.06、1.19、1.61 m。据 2000 年 10 月至 2001 年 10 月统计资料，曹妃甸甸头海域的平均潮位（85 高程）为 0.03 m，最高潮位为 1.64 m，最低潮位为 −1.60 m；甸头平均潮差为 1.40 m，最大潮差 2.74 m。

本海区潮波具有驻波特点，传播的过程中受地形边界条件影响，变形较大，不同地区的潮位过程有明显差异。由图 3.1 分析可知，曹妃甸以东海区的潮汐先涨或先落，涨潮期间，自西向东各潮位站的潮位过程存在明显的滞后，落潮时则反之。甸头海区平均涨、落潮历时大致相当，均为 6 小时左右。但甸西各验潮站的落潮历时均大于涨潮历时，其中南堡平均涨潮历时为 4 h 40 min，比平均落潮历时短约 3 h。

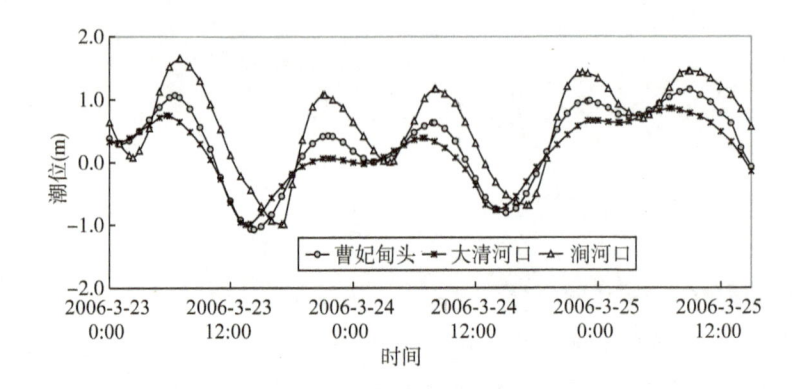

图 3.1 曹妃甸海区不同验潮站潮位过程曲线图

2. 潮流特征

根据曹妃甸海区多次（1996 年 10 月、2005 年 3 月、2006 年 3 月、2006 年 7 月、2007 年 7 月、2009 年 4 月）同步水沙全潮观测结果分析，本海区潮流基本呈往复流运动，涨潮西流，落潮东流，潮流受地形控制明显，近岸水域及甸头附近的潮流具有顺岸或沿等深线方向运动的特点（图 3.2、图 3.3）。涨潮时，水体基本呈自东向西运动，随着潮位的升高，涨潮水体首先充填曹妃甸浅滩东侧的众多潮沟，随后浅滩北侧部分淹没，与此同时潮流绕过甸头进入西侧潮沟（接岸大堤建成之前，东、西两侧潮沟内的涨潮流在大堤附近汇合）。由于受到甸头及其北侧大片浅滩滩面阻力的影响，加之滩面水深较小，致使滩面过流的流速较弱。落潮时，水体基本呈自西向东运动，随着潮位的降低，浅滩高处出露，滩面上的水体逐渐归槽，浅滩两侧潮沟内的水体也逐渐汇入甸头两侧的深槽水域，其中甸头西侧滩面的落潮归槽水流与外海深槽的落潮水流汇合，并绕过甸头与东侧潮沟的落潮水流汇合。流速大小具有通道深槽和潮沟处流速较大、岸滩附近与外海流速稍弱的分布规律。其中曹妃甸前沿通道深槽受甸头岬角效应影响明显，成为本海区的潮流最强区。

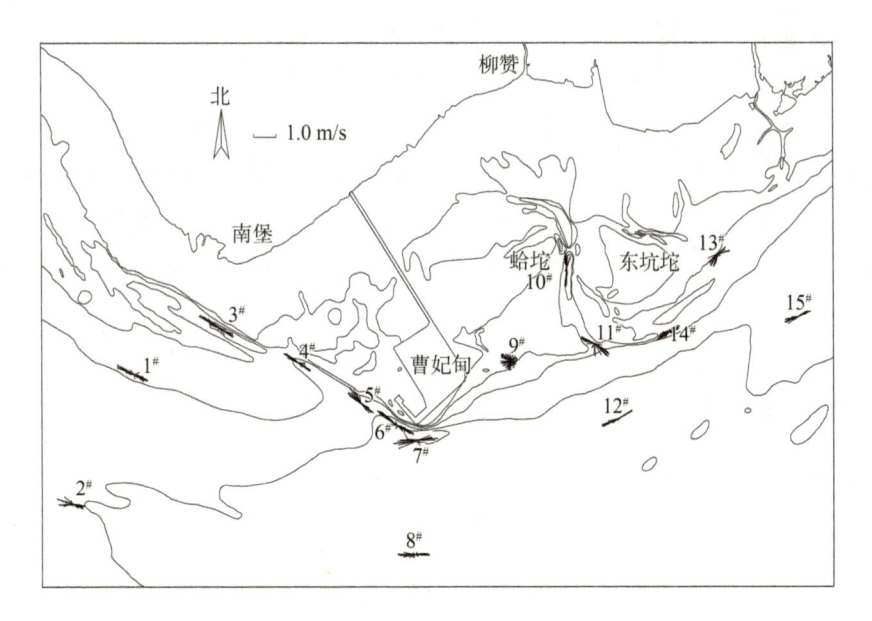

图 3.2　2006 年 3 月曹妃甸海区冬季大潮垂线平均流速流向矢量图

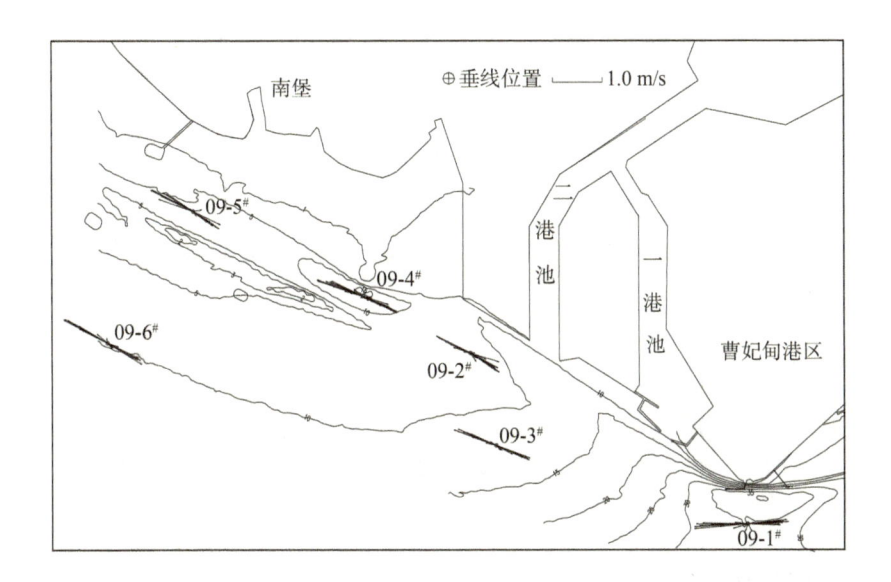

图 3.3　2009 年 4 月曹妃甸海区夏季大潮垂线平均流速流向矢量图

本海区潮流具有较明显的驻波特征(图 3.4)。高潮时刻前后潮流最弱，随着潮位下降落潮流增强，至高潮后 2～3 h 落潮流最强。尔后，流速随潮位下降而逐渐减弱，至低潮时刻前后落潮流减至最弱。此后，随着潮位的上涨开始转为涨潮流,至低潮后 2～3 h 涨潮流增至最强。之后,流速又逐渐减弱,至高潮时流速减至最小。至此完成一个潮汐周期的循环。每日有两个这样的潮流过程,一强一弱,周而复始。从平均流速来看,大潮平均流速明显大于小潮期间的平均流速。据多年实测资料统计,本海区大潮涨潮平均流速为 0.40～0.60 m/s,落潮为 0.30～0.50 m/s(表 3.1、表 3.2);小潮涨潮平均流速为 0.25～0.40 m/s,落潮为 0.20～0.35 m/s。大潮期间,除老龙沟深槽内落潮流占优势外,其他测站均以涨潮流占优势;小潮期间,涨、落潮流速则大致相当。可见,本海区潮流流速总体呈现随潮差增大而增大、涨潮流速大于落潮的变化规律。

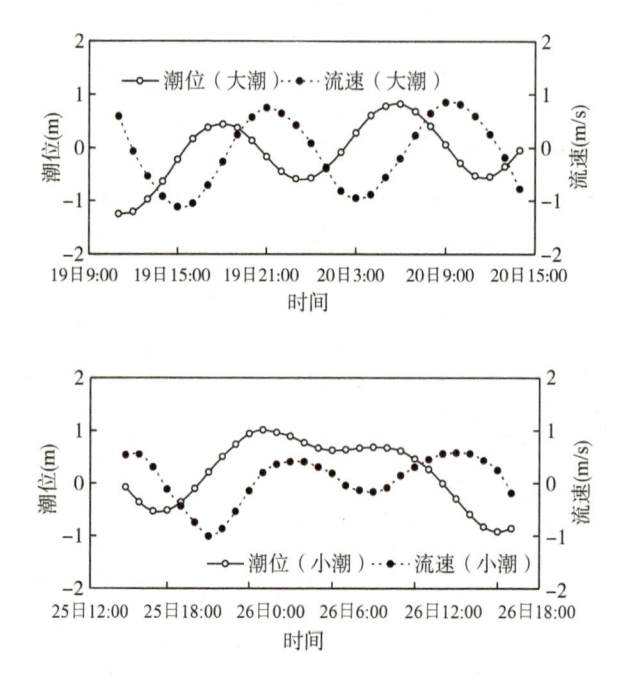

图 3.4　曹妃甸甸头前沿潮位与潮流过程曲线

从本海区平均流速的空间分布来看,无论是大潮还是小潮期间,均具有通道深槽和潮沟处流速较大、岸滩附近与外海流速稍弱的分布规律(表 3.1、表 3.2)。其中曹妃甸南侧潮汐通道深槽受甸头岬角效应影响明显,成为本海区的潮流最强区,这也是深槽水深能够维持的主要动力因素。如深槽内的 7#垂线,2006 年 3 月大潮(潮差 1.7 m)实测涨潮流速最大流速为 1.24 m/s,垂线平均最大流速为 1.13 m/s;2006 年 7 月大潮(潮差 2.1 m)实测涨潮流速最大流速为 1.92 m/s,垂线平均最大流速为 1.41 m/s。此外,曹妃甸东侧老龙沟潮汐通道深槽内的水流也较强,其涨、落潮水流受地形约束较大,流向集中,流速较大。沙岛与海岸间的大片浅滩区以漫滩水流为主,虽然高潮位时可以淹没,但一般情况下由于水深较小漫滩水流动能大部分被摩阻损耗,潮流流速较小。浅滩区漫滩水流的汇集与分散是维持老龙沟深槽水深的主要动力。

从曹妃甸海区涨、落潮流历时来看,其具有从西往东涨潮流历时逐渐增加,而落潮流历时逐渐减少的变化规律。2006 年 3 月统计结果分析表明,大潮期间,以 7♯、8♯ 测站为分界点,其西侧海区(1♯～6♯ 测站)平均涨潮流历时为 5 h 52 min,明显小于落潮流历时 6 h 19 min,其东侧海区(9♯～15♯ 测站)平均涨潮流历时为 6 h 33 min,则明显大于落潮流历时 5 h 35 min。小潮期间,分界点则从甸头移至东坑坨附近,其以西海区各测站涨潮流历时明显小于落潮流历时,以东海区则反之。据各测站单宽潮量的计算结果分析,大潮期间,除甸头东侧老龙沟内(10♯、11♯ 测站)落潮量略大于涨潮量之外,本海区其他测站均表现为涨潮量大于落潮量;小潮期间,整个海域普遍表现为落潮量略大于涨潮量。

表 3.1　2006 年 3 月曹妃甸海区冬季大潮流速、流向特征值统计

垂线号	涨潮 垂线平均 $V/(m \cdot s^{-1})$	$A/°$	涨潮 平均最大 $V/(m \cdot s^{-1})$	$A/°$	涨潮 实测最大 测层	$V/(m \cdot s^{-1})$	$A/°$	落潮 垂线平均 $V/(m \cdot s^{-1})$	$A/°$	落潮 平均最大 $V/(m \cdot s^{-1})$	$A/°$	落潮 实测最大 测层	$V/(m \cdot s^{-1})$	$A/°$
1♯	0.50	295	0.87	300	表层	0.94	290	0.41	112	0.68	112	表层	0.84	111
2♯	0.42	279	0.76	288	表层	0.92	292	0.33	108	0.56	99	表层	0.70	94
3♯	0.60	301	1.09	299	表层	1.28	306	0.44	118	0.72	118	表层	0.86	120
4♯	0.48	305	0.83	302	0.2H	0.90	318	0.39	118	0.61	122	表层	0.70	118
5♯	0.49	319	0.86	324	0.2H	0.94	322	0.41	130	0.68	126	表层	0.80	132
6♯	0.66	305	1.09	305	表层	1.22	300	0.53	117	0.86	118	表层	0.90	112
7♯	0.63	261	1.13	263	0.4H	1.24	262	0.50	84	0.89	85	0.6H	0.94	86
8♯	0.46	267	0.79	270	0.2H	0.86	270	0.39	92	0.65	92	表层	0.74	86
9♯	0.31	301	0.49	307	表层	0.52	328	0.20	111	0.43	181	表层	0.46	172
10♯	0.41	358	0.74	352	表层	0.78	358	0.51	184	0.86	185	表层	1.00	176
11♯	0.44	291	0.67	289	表层	0.80	293	0.51	131	0.83	132	表层	0.98	137

续表

垂线号	涨潮 垂线平均 V/(m·s⁻¹)	A/°	平均最大 V/(m·s⁻¹)	A/°	实测最大 测层	V/(m·s⁻¹)	A/°	落潮 垂线平均 V/(m·s⁻¹)	A/°	平均最大 V/(m·s⁻¹)	A/°	实测最大 测层	V/(m·s⁻¹)	A/°
12#	0.49	246	0.85	247	0.2H	0.92	248	0.40	62	0.70	62	表层	0.86	66
13#	0.38	212	0.63	211	表层	0.74	228	0.33	64	0.56	76	表层	0.64	66
14#	0.41	242	0.69	238	表层	0.80	234	0.29	63	0.46	65	表层	0.54	68
15#	0.39	251	0.66	247	表层	0.78	252	0.34	63	0.60	67	表层	0.74	76

表3.2　2006年7月曹妃甸海区夏季大潮流速、流向特征值统计

垂线号	涨潮 垂线平均 V/(m·s⁻¹)	A/°	平均最大 V/(m·s⁻¹)	A/°	实测最大 测层	V/(m·s⁻¹)	A/°	落潮 垂线平均 V/(m·s⁻¹)	A/°	平均最大 V/(m·s⁻¹)	A/°	实测最大 测层	V/(m·s⁻¹)	A/°
1#	0.49	281	0.99	291	表层	1.28	292	0.43	103	0.67	99	表层	0.78	104
2#	0.47	288	0.97	285	表层	1.28	290	0.34	102	0.72	118	0.2H	0.84	120
3#	0.63	286	1.22	299	表层	1.46	304	0.41	107	0.69	110	表层	0.96	118
4#	0.54	273	1.05	293	表层	1.24	292	0.51	109	0.79	108	表层	0.96	118
5#	0.51	269	1.04	309	表层	1.22	306	0.47	126	0.80	126	表层	1.00	128
6#	0.70	279	1.23	284	表层	1.48	272	0.62	99	0.91	91	0.4H	1.08	103
7#	0.73	253	1.41	251	表层	1.92	248	0.58	94	0.92	80	0.6H	1.02	79
8#	0.49	261	0.97	265	0.2H	1.18	270	0.42	90	0.73	77	0.4H	0.86	88
9#	0.40	243	0.67	278	0.2H	0.78	276	0.41	76	0.66	47	表层	0.74	43
10#	0.41	251	1.00	355	0.2H	1.10	354	0.25	184	0.49	186	表层	0.58	196
11#		313	0.66	312	0.2H	0.70	312	0.38	155	0.81	156	表层	0.88	156
12#	0.43	260	0.97	262	表层	1.42	253	0.48	86	0.82	77	0.4H	0.98	85
13#	0.40	235	0.79	245	表层	1.14	232	0.35	77	0.61	85	0.2H	0.68	96
14#	0.55	234	1.00	235	表层	1.40	240	0.41	79	0.77	58	表层	0.98	50
15#	0.46	240	0.85	248	表层	1.16	230	0.39	81	0.86	61	0.2H	1.06	70

3.1.2　风况与波浪特征

1. 风况特征

曹妃甸海区属温带季风气候区，风况具有明显的季节性变化特征。冬季受蒙

古高压和阿留申低压影响,多呈偏北风,并常有大风天气出现;春季,受中国东南低压和西北太平洋高压活动的控制,多偏南风;夏季盛行东南风,但风力较弱,秋季风向交替变换。根据 1996—1999 年连续四年曹妃甸甸头资料统计分析,多年常风向为 S 向,频率 12.5%,次常风向为 SW 向,频率 8.2%,强风向为 NE 向,实测最大风速 22 m/s。甸头测站全年 6 级(风速 10.8 m/s)以上大风出现频率 6.2%,7 级(风速 13.8 m/s)以上大风出现频率 1.2%。秋冬季大风日数稍多。

由大清河口 1980—2005 年资料统计可知,其多年平均风速为 4.1 m/s。但大清河口位于近岸区的河口以内,而曹妃甸岛位于离岸 17 km 的开敞海域,两者具有明显的地域差别,地形对风的影响不可忽略。由于海陆摩擦力的差异,使岸边存在一个风速急剧变化的"突变带",曹妃甸地区年平均风速应大于大清河口。1999 年曹妃甸实测年平均风速约为 6.10 m/s,而同期大清河口平均风速为 4.02 m/s。图 3.5 为 1999 年大清河口和曹妃甸风速和风向频率分布玫瑰图,两者分布规律尚较一致,但曹妃甸风的强度明显强于大清河口。

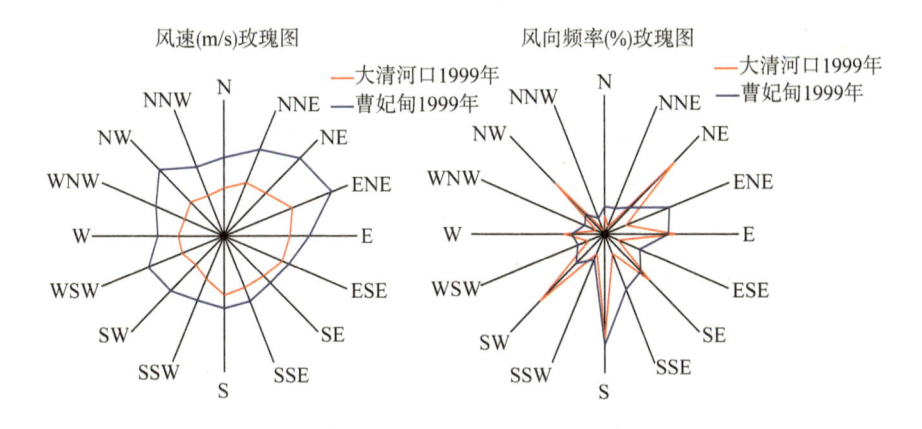

图 3.5　1999 年曹妃甸和大清河口风速和风向频率玫瑰图

大风往往伴随着大浪,这二者是导致沙质和粉沙质海岸泥沙剧烈运动和岸滩发生较大冲淤变化的主要动力原因。表 3.3 为曹妃甸、大清河口、南堡及塘沽各月平均大风天数统计。由表可知,曹妃甸大风天数多于大清河口。大清河口 1980—2005 年平均每年大风天数为 19.2 d,1999 年全年大风天数仅 9 d,不到正常年份的一半。而 1999 年曹妃甸测得的大风天数为 21 d(尚未考虑冬季 3 个月大风),因而可以推论,曹妃甸海域平均每年大风出现天数为 50～60 d。曹妃甸面临开敞海域,其大风天数应比南堡站(31.7 d)多,比塘沽站(77.1 d)少,即曹妃甸大风天数50～60 d是合理的。

表3.3 各站各月平均大风(风力大于7级)天数 单位:d

站点	1	2	3	4	5	6	7	8	9	10	11	12	全年
大清河口(1980—2005年平均)	1.5	1.2	2.2	3.1	3.1	1.7	0.8	0.6	1.0	1.5	1.7	0.8	19.2
大清河口(1999年)	6	1	0	0	1	0	1	0	0	0	0	0	9
曹妃甸(1999年)	—	—	2	3	3	1	1	2	2	3	4	—	21
南堡(多年平均)	1.8	2.3	5.0	4.8	4.8	1.3	1.3	1.8	1.5	4.3	1.3	1.5	31.7
塘沽(多年平均)	5.6	5.7	6.9	6.6	8.1	6.4	4.4	5.1	4.6	8.0	8.1	7.6	77.1

注:"—"表示数据未纳入考虑。

2. 波浪特征

据渤海湾西部海洋石油7号站1972—1984年十三年的实测资料统计,曹妃甸海区的波浪纯风浪占66.8%,以风浪为主的占4.2%,以涌浪为主的混合浪占29.0%,可见本海区波浪以风浪为主。风是产生波浪的主要因素,波浪变化特征与风场的变化特征相对应,常风向、强风向和常浪向、强浪向基本一致,均以偏E向为主。其中ENE和E向波浪出现频率为19.4%,NE和ESE向占14.5%。海区年平均波高为0.60 m,平均周期为2.7 s,年最大波高为4.0 m,最大周期为9.2 s。

曹妃甸海区波浪资料相对比较缺乏。国家海洋局北海分局于1996—1997年、1999年先后两次对本海域(甸南水深26 m处)分别进行了为期一年的波浪观测,据观测资料统计分析可知本海区以风浪为主,风浪频率为80%以上。由图3.6和表3.4、表3.5可知,本海域常浪向为S向,出现频率为8.62%;次常浪向为SW和SE向,出现频率分别为6.41%和5.77%。强浪向为ENE向,波能占16.48%,实测最大波高4.9 m(1996年10月),该方向$H_{1/10} \geq 1.8$ m的波高出现频率为0.81%,对应波能占9.84%;次强浪向为NW和NE向,两方向波能分别占9.91%和9.14%,$H_{1/10} \geq 1.8$ m的出现频率分别为0.68%和0.53%,其对应波能分别占5.35%和5.42%。统计结果表明,$H_{1/10} < 0.6$ m的波浪出现频率为59.84%,但对应波能只占9.29%;波高$H_{1/10} \geq 1.8$ m的中浪和大浪出现频率仅为3.60%,但对应波能占33.92%。可见,曹妃甸海区对岸滩冲淤演变起控制作用的主要为中浪和大浪。该海区

波浪对泥沙的作用主要反映在横向输沙的沙坝塑造作用和对潮滩滩面的掀沙侵蚀作用,沿岸输沙量相对较弱。

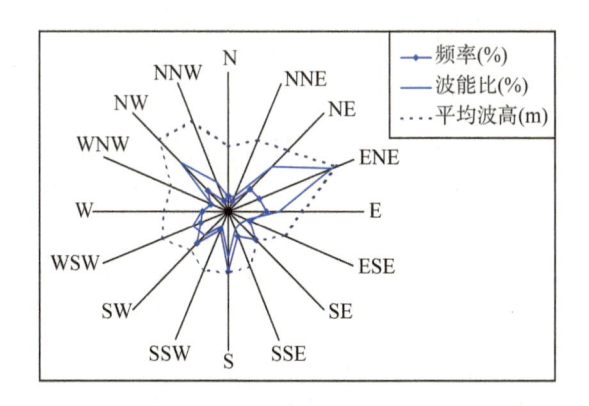

图 3.6 曹妃甸海区波玫瑰图

风场的季节性变化导致波高也具有明显的季节性变化。本海区夏季波高较小,冬春季波高较大,特别是 11 月波高最大。春季强浪向主要来自 E 向和 ENE 向,常浪向为 ESE—E 向;夏季强浪向主要来自 NNE—E 向,常浪向为 ESE—SSE 向;秋季强浪向主要来自 NW 向,其次是 ENE 向,常浪向为 NW 向和 S 向;冬季波浪最大,而且强浪向与常浪向一致,均为 NNW 向和 NW 向。京唐港、曹妃甸和塘沽站的各向波高逐月分布对比表明,曹妃甸波浪强度要大于塘沽,大浪主要发生在 N 向来浪条件,S 向来浪相对较弱。对曹妃甸港区来讲,由于受到地形影响,E 向和 S 向浪的作用应更大;但 S 向波高一般较小,表明波浪对面向南方的甸头海区影响相对较小,这对维持本海区岸滩的稳定是有利的。

3.1.3　泥沙输移特征

1. 悬移质泥沙

本海域悬沙主要为颗粒较细的细粉砂,中值粒径在 0.008～0.020 mm,一般均小于当地底质粒径。2006 年 3 月水文测验期间,各测站悬沙中值粒径大潮为 0.007～0.013 mm,小潮为 0.006～0.014 mm,而相应测点的底质中值粒径则一般在 0.010～0.025 mm。

在小浪或无浪气象条件下,本海域含沙量并不大。多次水沙测验统计结果表明,曹妃甸近海深水区水体含沙量为 0.05～0.10 kg/m³,近岸区为 0.07～0.15 kg/m³,近岸水域普遍大于外海深水区(表 3.6 和表 3.7)。

表 3.4 曹妃甸各向波高频率统计(%)

波高 H₄%	N	NNE	NE	ENE	E	ESE	SE	SSE	S	SSW	SW	WSW	W	WNW	NW	NNW	C	合计
0.1~0.6 m	1.11	0.73	2.27	1.49	2.66	1.95	4.34	2.24	4.90	1.49	4.44	2.07	2.13	1.55	1.49	0.85	24.29	60.00
0.6~1.8 m	1.14	0.73	1.83	2.60	2.77	1.49	1.43	1.47	3.69	1.34	1.76	2.10	1.69	1.20	2.04	0.53	8.19	36.00
≥1.8 m	0.03	0.09	0.53	0.81	0.24	0.00	0.00	0.03	0.03	0.00	0.21	0.24	0.03	0.06	0.68	0.30	0.72	4.00
合计	2.28	1.55	4.63	4.90	5.67	3.44	5.77	3.74	8.62	2.83	6.41	4.41	3.85	2.81	4.21	1.68	30.40	100.00

表 3.5 曹妃甸各向波能频率统计(%)

波高 H₄%	N	NNE	NE	ENE	E	ESE	SE	SSE	S	SSW	SW	WSW	W	WNW	NW	NNW	C	合计
0.1~0.6 m	0.20	0.16	0.54	0.39	0.53	0.41	0.61	0.54	1.16	0.32	0.89	0.42	0.45	0.28	0.29	0.12	1.98	9.29
0.6~1.8 m	1.67	1.11	3.18	6.25	5.16	2.53	1.79	2.01	5.25	1.96	2.55	3.21	3.18	1.98	4.27	1.15	9.54	56.79
≥1.8 m	0.24	1.15	5.42	9.84	1.74	0.00	0.00	0.17	0.24	0.00	1.50	2.02	0.24	0.42	5.35	3.34	2.25	33.92
合计	2.11	2.42	9.14	16.48	7.43	2.94	2.40	2.72	6.65	2.28	4.94	5.65	3.87	2.68	9.91	4.61	13.77	100.00

其中近岸水域又以甸头为界,其西部水域平均含沙量明显大于东部。如大潮平均含沙量,甸头西部和东部海区1996年10月实测分别为0.390 kg/m³和0.320 kg/m³,2005年3月为0.163 kg/m³和0.072 kg/m³,2006年3月为0.137 kg/m³和0.054 kg/m³,2006年7月为0.120 kg/m³和0.065 kg/m³。

表3.6 曹妃甸海域2006年3月冬季含沙量特征值统计

单位:kg/m³

垂线	大潮 2006年3月19日—20日					小潮 2006年3月25日—26日				
	全潮最大	垂线平均最大		全潮平均		粒径	全潮最大	垂线平均最大		全潮平均		粒径
		涨潮	落潮	涨潮	落潮	d_{50}/mm		涨潮	落潮	涨潮	落潮	d_{50}/mm
1#	0.439	0.398	0.353	0.323	0.312	0.008	0.120	0.106	0.094	0.075	0.074	0.006
2#	0.203	0.142	0.129	0.122	0.109	0.007	0.100	0.062	0.060	0.044	0.042	0.007
3#	0.228	0.168	0.178	0.125	0.114	0.009	0.144	0.124	0.125	0.111	0.102	0.010
4#	0.153	0.120	0.124	0.102	0.103	0.011	0.133	0.112	0.115	0.098	0.101	0.014
5#	0.167	0.145	0.140	0.125	0.126	0.008	0.144	0.123	0.131	0.101	0.115	0.012
6#	0.094	0.080	0.068	0.039	0.046	0.010	0.098	0.056	0.065	0.039	0.040	0.011
7#	0.094	0.072	0.057	0.040	0.033	0.013	0.127	0.110	0.115	0.059	0.071	0.010
8#	0.113	0.101	0.079	0.053	0.055	0.011	0.095	0.065	0.066	0.047	0.052	0.011
9#	0.061	0.042	0.059	0.018	0.024	0.011	0.108	0.096	0.071	0.042	0.038	0.010
10#	0.134	0.113	0.114	0.098	0.087	0.012	0.086	0.064	0.070	0.048	0.046	0.010
11#	0.094	0.074	0.070	0.055	0.059	0.011	0.120	0.098	0.095	0.061	0.063	0.013
12#	0.105	0.075	0.074	0.066	0.059	0.016	0.125	0.093	0.089	0.078	0.067	0.013
13#	0.121	0.079	0.077	0.065	0.049	0.011	0.120	0.103	0.085	0.059	0.068	0.012
14#	0.121	0.093	0.098	0.072	0.084	0.011	0.146	0.110	0.120	0.089	0.088	0.012
15#	0.079	0.055	0.048	0.024	0.026	0.013	0.138	0.122	0.119	0.088	0.095	0.014

表3.7 曹妃甸海域2006年7月夏季含沙量特征值统计

单位:kg/m³

垂线	大潮 2006年7月13日—14日					小潮 2006年7月19日—20日				
	全潮最大	垂线平均最大		全潮平均		粒径	全潮最大	垂线平均最大		全潮平均		粒径
		涨潮	落潮	涨潮	落潮	d_{50}/mm		涨潮	落潮	涨潮	落潮	d_{50}/mm
1#	0.203	0.129	0.108	0.088	0.086	0.006	0.719	0.239	0.225	0.190	0.166	0.006
2#	0.199	0.105	0.167	0.078	0.098	0.008	0.180	0.122	0.123	0.090	0.101	0.007
3#	0.461	0.193	0.222	0.152	0.137	0.007	0.473	0.170	0.218	0.139	0.139	0.007

续表

垂线	大潮 2006 年 7 月 13 日—14 日					小潮 2006 年 7 月 19 日—20 日				
	全潮最大	垂线平均最大		全潮平均		粒径	全潮最大	垂线平均最大		全潮平均		粒径
		涨潮	落潮	涨潮	落潮	d_{50}/mm		涨潮	落潮	涨潮	落潮	d_{50}/mm
4#	0.338	0.228	0.180	0.174	0.154	0.008	0.217	0.138	0.126	0.113	0.104	0.008
5#	0.298	0.196	0.131	0.132	0.110	0.007	0.186	0.059	0.047	0.036	0.029	0.008
6#	0.335	0.236	0.145	0.140	0.101	0.008	0.068	0.030	0.023	0.021	0.020	0.008
7#	0.230	0.179	0.178	0.150	0.147	0.009	0.244	0.155	0.165	0.105	0.132	0.009
8#	0.196	0.182	0.080	0.108	0.062	0.008	0.211	0.153	0.176	0.121	0.143	0.009
9#	0.197	0.086	0.080	0.047	0.048	0.007	0.307	0.197	0.203	0.160	0.155	0.008
10#	0.122	0.076	0.075	0.049	0.041	0.008	0.141	0.102	0.086	0.053	0.054	0.008
11#	0.163	0.077	0.102	0.056	0.045	0.010	0.160	0.076	0.093	0.053	0.061	0.008
12#	0.173	0.124	0.135	0.072	0.061	0.009	0.103	0.061	0.063	0.040	0.048	0.009
13#	0.097	0.053	0.057	0.032	0.034	0.009	0.134	0.081	0.061	0.055	0.054	0.008
14#	0.298	0.138	0.166	0.078	0.122	0.010	0.152	0.073	0.088	0.059	0.059	0.009
15#	0.173	0.143	0.142	0.111	0.108	0.008	0.098	0.059	0.055	0.041	0.043	0.010

在垂向分布上，各测站含沙量均表现出由表层向底层递增的分布规律，但由于含沙量较小，特别是甸头东侧外海，表层与底层的水体含沙量变化不大(图 3.7)。图 3.8 给出了曹妃甸海区 2009 年 4 月大潮各垂线含沙量过程曲线。由图分析可知，水文测验期间大潮含沙量过程与流速过程有一定的关系，但周期性变化不明显；此外含沙量与水深密切相关，如位于曹妃甸前沿深槽和南堡深槽的 1# 和 4# 垂线全潮平均含沙量分别为 0.064 kg/m³、0.092 kg/m³，而 10 m 水深左右浅区的 2#、3#、5#、6# 垂线的平均含沙量分别为 0.158 kg/m³、0.222 kg/m³、0.142 kg/m³ 和 0.247 kg/m³。小潮期间，各个垂线平均含沙量都较小，多在 0.04～0.08 kg/m³。

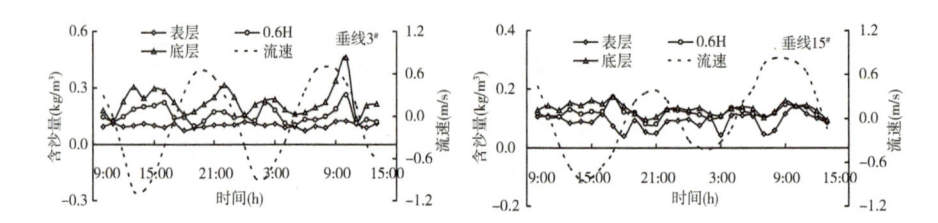

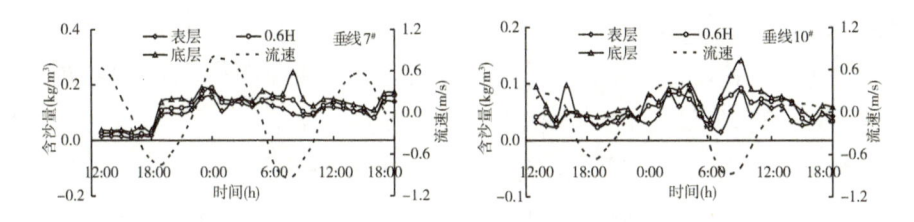

图 3.7　曹妃甸海区 2006 年 3 月典型分层含沙量过程曲线图

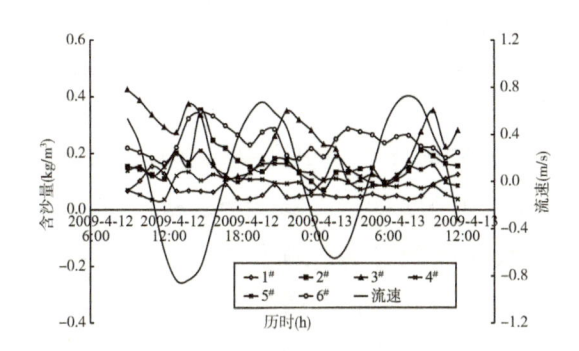

图 3.8　曹妃甸海区 2009 年 4 月大潮含沙量过程曲线图

从全潮平均含沙量的变化看，水体含沙量与潮差成正相关，大潮含沙量大于小潮含沙量。大潮、小潮平均含沙量 1996 年 10 月实测分别为 0.310 kg/m³ 和 0.250 kg/m³，2005 年 3 月为 0.106 kg/m³ 和 0.091 kg/m³，2006 年 3 月为 0.087 kg/m³ 和 0.070 kg/m³，2006 年 7 月为 0.094 kg/m³ 和 0.086 kg/m³。从涨、落潮平均含沙量的变化看，两者基本相当，除个别测站外，整体上涨潮含沙量略大于落潮含沙量。

由各测站单宽输沙量的计算结果分析可知，在一般气象条件下，曹妃甸海区大潮悬沙净输沙方向与涨潮方向基本一致，即近海区自东向西，近岸区由海向岸，老龙沟口门处由外海向潮沟内。其中曹妃甸南侧深槽处的单宽输沙量与输沙率最大，如 2006 年 3 月 7♯ 测站两者分别达 26 153.03 kg/m 和 290.59×10⁻³ kg/(s·m)，这主要与其潮周期内较大的流速、较大的单宽流量、余流等有关。老龙沟口门附近 10♯ 测站处涨潮输沙量也大于落潮，这可能是目前曹妃甸浅滩微淤的主要泥沙来源。小潮主要测站净输沙方向仍然自东向西，但单宽悬沙输运量与输沙率较大潮小，涨、落潮输沙基本相对平衡，这主要与小潮期间流速较小、再悬浮作用较弱有关。可见，本海区通过悬移泥沙运动将东侧海域的泥沙逐渐搬运到西侧海域中，从而造成渤海湾顶和西部浅滩的淤积。

本海区水沙动力过程极其复杂，尽管每次水文测量规模较大，测点较多，布置也较合理，但仅代表大、小潮期间的含沙量分布情况。影响本海区水体含沙量大小与变化的主要因素有潮流强度、风浪、水深，以及来沙条件等。分析结果表明，风浪的掀沙作用是影响本海区含沙量变化的重要因素，潮流对含沙量大小的影响较弱；甸西含沙量明显大于甸东，天津港抛泥及渤海湾内细颗粒泥沙随潮流输移对含沙量的影响不容忽视；近年来平均含沙量呈总体减少趋势，与滦河来沙量骤减有关。

2. 表层沉积物

根据 2006 年和 2007 年曹妃甸海区 270 个表层沉积物样品的粒度分析结果（图 3.9），并结合 1996 年、2004 年、2005 年的相关研究结果分析可知，本海区表层沉积物的类型包括粗砂、中砂、细砂、极细砂、粉砂质砂、砂质粉砂和粉砂。其中 10 m 等深线以上的海区表层沉积物的类型比较单一，主要以粉砂与砂质粉砂为主，约占研究区面积 70% 以上；0～10 m 等深线之间的浅滩区域沉积物类型则复杂多样，其中潮滩与老龙沟潟湖内主要以细颗粒的粉砂与砂质粉砂为主，曹妃甸、蛤坨和东坑坨等沙坝浅滩区的沉积物粒径则较粗，以细砂和极细砂为主，而粒径最粗的粗砂和中砂呈斑块状仅分布在曹妃甸甸头浅滩、老龙沟拦门沙等区域附近（图 3.9）。

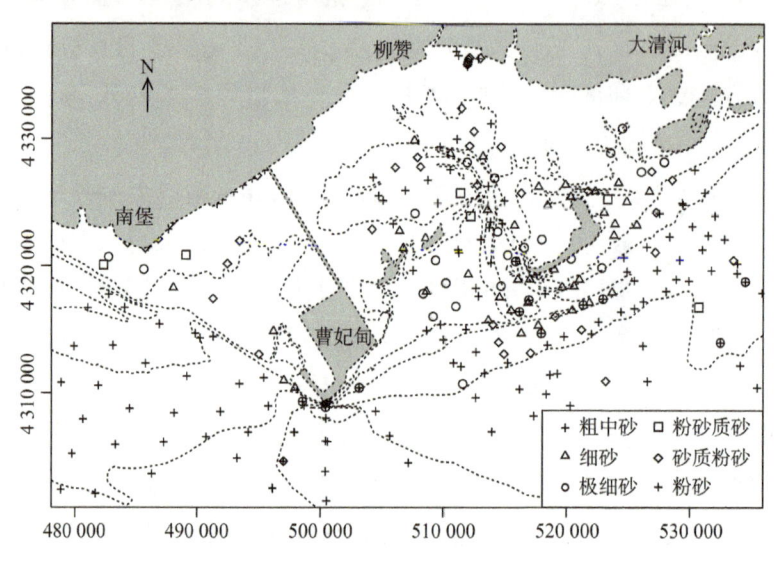

图 3.9　2006 年曹妃甸海区表层沉积物采样点位置及类型分布图

第三章
动力环境及稳定性分析

根据本海区表层沉积物中值粒径的等值线图($\varphi=-\log_2 d$)分析表明，表层沉积物的粒径分布与沉积类型基本一致，由陆向海呈细—粗—细的规律变化，同时沿水深的分布呈现岸滩粗、深槽细的特点。其中曹妃甸、蛤坨和东坑坨等离岸沙坝区的沉积物粒径最粗，其中值粒径多在 3φ 以内(大于 0.125 mm)，沙坝内侧的潮滩和潟湖湾区中值粒径主要在 $3\sim5\varphi$(0.035～0.125 mm)，沙坝外侧的深水区中值粒径则一般大于 $5\sim6\varphi$(小于 0.002～0.035 mm)。本海区以甸头分界，沉积物中值粒径分布还具有东侧海区大于西侧海区的特点，其中西侧海区中值粒径为 0.008～0.027 mm，东侧海区为 0.012～0.250 mm，东、西两侧中值粒径相比变化可达几倍。

在曹妃甸海区，90%以上的区域为分选较差与分选极差，表明整个海区动力分选作用较弱。甸头东侧海区沉积物分选程度由陆到海呈分选差—分选好—分选差分布。其中老龙沟拦门沙和曹妃甸甸头分选程度最好，主要与该海域较强的波浪动力分选作用(水动力较强)有关。

图3.10和图3.11分别为曹妃甸西部海区2009年4月和2010年6月的表层沉积物类型及中值粒径分布图。分析可知本海区表层沉积物类型及中

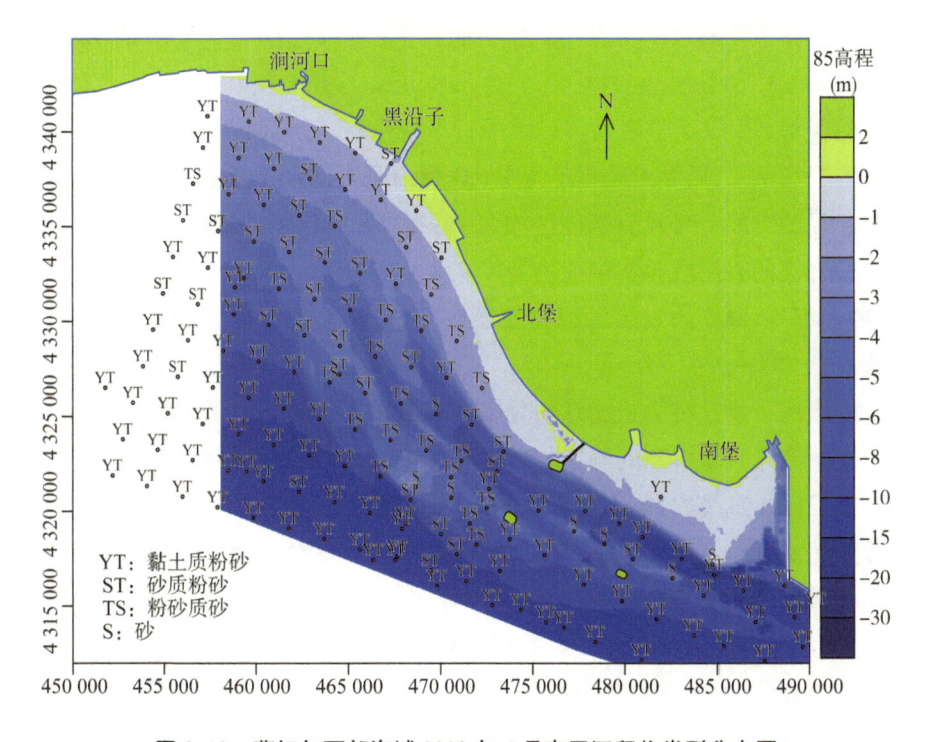

图 3.10　曹妃甸西部海域 2009 年 4 月表层沉积物类型分布图

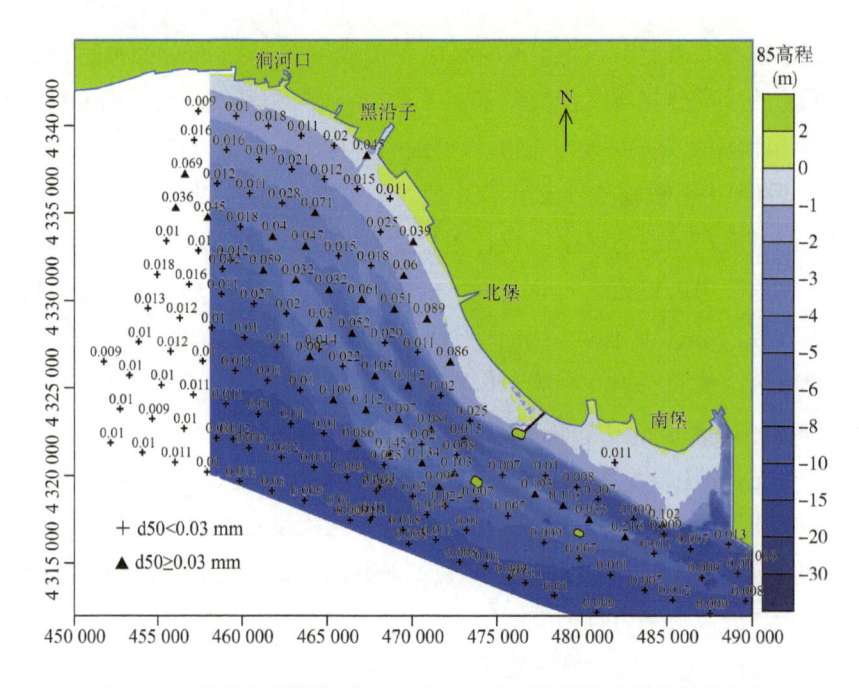

图 3.11　曹妃甸西部海域 2010 年 6 月表层沉积物中值粒径分布图

值粒径分布主要有以下特点：① 水下地形国家 85 高程小于 −8 m 的深水区，表层沉积物中值粒径多在 0.007～0.012 mm，类型比较单一，以黏土质粉砂占绝对优势；② 黑沿子至涧河口岸段近岸浅水区，表层沉积物中值粒径多在 0.01～0.02 mm，以黏土质粉砂为主；③ 黑沿子至南堡岸段近岸海区，表层沉积物粒径的空间分布具有深槽区较细、潮流沙脊区较粗的特点。其中浅滩与潮流沙脊区的表层沉积物中值粒径多在 0.03～0.20 mm，类型主要为沙质粉砂、砂和细砂；深槽内表层沉积物粒径较细，以黏土质粉砂为主，平均中值粒径多在 0.007～0.015 mm。

表层沉积物这种脊粗槽细的分布方式反映了两者水动力作用的不同，即深槽中的流速大于脊顶的流速。考虑到影响泥沙颗粒起动的因素除重力外，还有颗粒间的黏结力，前者随颗粒的增大而增大，后者随颗粒的变小而增大。细砂正是两者作用都最小的颗粒，及最易起动的颗粒。因此，在深槽内较大流速的长期作用下，较容易起动的细砂等较粗颗粒泥沙会被搬运到潮流沙脊顶部，而深槽内多为黏结力较大的细颗粒沉积物。此外，与 2006 年 3 月采样相比，甸头前沿海区表层沉积物存在细化的趋势，其中 2006 年平均中值粒径在 0.014 mm 左右，而 2009 年 4 月仅为 0.009 mm。

综上可见，曹妃甸海域泥沙组成多样，从而造成泥沙运动复杂。

3. 泥沙来源分析

曹妃甸海域为风浪作用较强区域，其滩槽能够维持长期的稳定，也是长期以来海洋动力条件、岸滩边界条件和泥沙条件之间达到一定的平衡所致。由于曹妃甸海区无大河直接注入，流入本海区的主要有青龙河、柳赞河与小清河等小河，上游来水来沙量极小，其影响基本可以忽略。大清河口东北约45 km 外的滦河口，其入海泥沙可在沿岸流的携带下参与滩槽演变作用，是本海区泥沙的重要来源之一。

据研究，曹妃甸浅滩区是由古滦河废弃三角洲的泥沙在波浪横向作用下改造而成。滦河多沙是该海岸地貌形成发育的基本条件，因此本海区海岸的发育与滦河来沙状况密切相关。20 世纪 60 年代以来，上游修建了大量水库和引水工程，如干流上游修建了潘家口与大黑汀两座大型水库，两水库总库容之和达 32.67 亿 m³；下游干支流则建有引滦入津、引滦入唐、引青济秦等大型引水工程。大量的水库和引水工程修建后，除洪水期从溢洪道能排出少量水沙外，绝大部分水沙都被拦截于库区之中。表 3.8 给出了滦河 1929 年以来的入海水量和泥沙量。由表可见，自 20 世纪 60 年代中期后，滦河入海泥沙量开始减小；进入 80 年代以来，受上游水库和引水工程的影响，入海水量和泥沙量更是锐减。其中 1929—1969 年滦河年平均入海泥沙量达 2 445 万 t，1970—1979 年为 1 011 万 t，1980—2003 年为 167.1 万 t，仅为多年平均值的 10.8%；2001 和 2002 年更是出现了长期断流、入海泥沙量为零的现象。滦河入海输沙量锐减，泥沙供给不足，造成沿岸沙坝轻微冲刷，已由原滦河泥沙 SW 向沿岸运移供沙转化为相对微弱的沙坝冲刷供沙。沙坝泥沙在波浪的作用下，以横向运动为主，向沙坝内侧运移。曹妃甸海域残余沙岛的出现也反映其来沙量减少、供沙量不足。因此，目前滦河输沙的影响已经非常有限，本海区的泥沙来源主要是当地海床产沙。

表 3.8　不同年代的滦河入海水量和泥沙量统计表

时段	1929—1939 年	1940—1949 年	1950—1959 年	1960—1969 年	1970—1979 年	1980—1989 年	1990—1999 年	2000—2003 年	1929—2003 年
年平均入海水量/10⁸ m³	—	—	53.3	35.2	37.2	7.3	19.5	0.2	23.8
年平均入海泥沙量/10⁴ t	3 711.8	1 934.0	2 482.8	1 655.3	1 011.5	88.2	307.9	11.9	1 542.3

曹妃甸以西海域泥沙主要来源于海河、黄河等所输出的大量细颗粒泥沙。据调查,天津港的抛泥区距曹妃甸西侧很近,对本海域来沙也有重要影响。自20世纪70年代以来,天津港已抛底泥1亿多 m³,相当于一个中等河流输出的泥沙量。此外,日益增强的人类活动也逐渐成为影响本海区泥沙来源的一个重要因素。如河道上游建库筑闸、围海吹填造地、海域人工采砂及海岸工程的兴建等,都使得沙源越来越少,进一步减少了曹妃甸海区的泥沙供给。近期曹妃甸工程施工建设,如大规模取沙填海造地,会在短期内造成局部海域发生相对较大的冲淤变化。

曹妃甸的开发利用应全面、充分地考虑泥沙供沙不足这一因素的近期和长期影响,不但要从积极面(如可减少港口航道泥沙回淤)去考虑,更要多考虑可能产生的负面影响,并给出有效可行的对策和措施。此外,还需加强施工期的水文、泥沙及地形的监测,以便及时发现问题,解决问题。

4. 沿岸输沙

曹妃甸近岸海区以涨潮流占优势,常年存在自东向西的沿岸流和泥沙净输运。在沿岸流的影响下,以滦河物质为主的泥沙流沿岸向西南运移,在曹妃甸附近向西北转折到达南堡至涧河口一带海区。前文分析表明,近几十年来,滦河入海输沙量锐减,泥沙供给不足,造成沿岸沙坝轻微冲刷,已由原滦河泥沙 SW 向沿岸运移供沙转化为相对微弱的沙坝冲刷供沙。因此,目前滦河来沙对曹妃甸海区的影响已经非常有限,本海区的泥沙来源主要是当地海床产沙,沿岸输沙率较小。

目前估算沙质海岸沿岸输沙率主要采用 CERC 公式:

$$Q_l = K \cdot H_b \cdot C_{g_b}^2 \cdot \sin\alpha_b \cdot \cos\alpha_b \tag{3-1}$$

式中:Q_l 为沿岸输沙率;K 为无因次输沙系数;H_b 为破碎波波高;C_{g_b} 为破碎波波速;α_b 为破碎波波峰线与等深线的夹角。

应用京唐港1987年3—11月、1994—1995年与曹妃甸甸头1996年、1997年和1999年实测波浪资料,采用 CERC 公式分别估算曹妃甸东侧岸滩破波区以内沿岸输沙率,计算结果列于表3.9。由表可看出,因曹妃甸波浪条件比京唐港弱,计算结果小于用京唐港波浪资料计算值。

通过大清河口多年实测风资料分析,1987年保证率为12%,为强风年;1994年保证率为85%,为弱风年;1996年、1997年保证率与1994年相当,基本也属于弱浪年。可以认为波浪条件与沿岸输沙也基本符合这一规律,进而认为强浪年甸头东侧海域沿岸净输沙率(自东向西)大致为 7 万 m^3/a,弱浪年大致为 3.5 万 m^3/a。

表 3.9 曹妃甸沿岸输沙率计算

单位:m^3/a

资料来源	自东向西	自西向东	净输沙量
1987 年京唐港波浪资料	14.34	4.58	9.76(自东向西)
1994—1995 年京唐港波浪资料	13.20	8.34	4.86(自东向西)
1996、1997 及 1999 曹妃甸波浪资料	7.88	4.44	3.44(自东向西)

3.1.4 动力输沙模式分析

由于没有大河注入,径流动力的影响基本可以忽略,因此曹妃甸海区主要受潮流和波浪动力控制,其中又以潮流动力作用占优。泥沙运动主要受波浪和潮流的联合作用,波浪是海底泥沙起动、悬浮的主要动力,沿岸流和潮流是泥沙搬运的主要载体。对于曹妃甸深槽和老龙沟潮汐通道系统而言,不仅两者的海岸地貌结构与特征有所差异,其动力与泥沙输移模式和特征也存在明显的不同(图 3.12)。

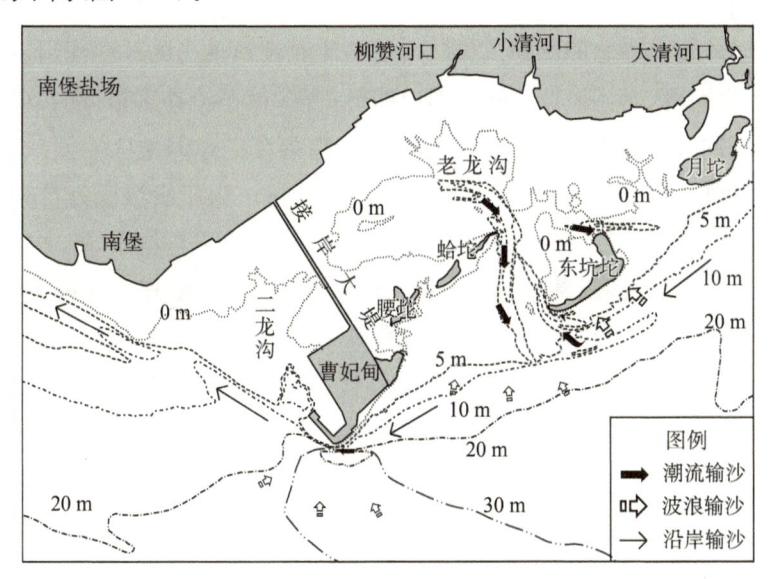

图 3.12 曹妃甸海区动力输沙模式图

曹妃甸前沿深槽受潮流和波浪动力的共同作用，由于甸头呈岬角形态凸出于海湾中，因此各向波浪在甸头前沿产生辐聚，波能有所增加，受此影响海底表层沉积物长期以来也有向甸头辐聚运移的趋势，鉴于通道深槽水深较大，一般水深大于 20 m，因此一般情况下波浪动力很难直接对底床泥沙产生搬运作用，因此潮流是控制通道深槽泥沙输移的主要动力。其中来自 NE 向的涨潮流在绕过甸头时，被挑至 NW 方向，甸头的岬角效应引起局部水流增强，使其前沿深槽成为水流最强区，深槽海区以涨潮流占优势，因此沿岸泥沙主要为自东向西输移。

根据动力条件和泥沙运移的差异，老龙沟潮汐通道系统可以分为老龙沟潟湖湾、东坑坨离岸沙坝、潮汐通道口门区等三个区域。离岸沙坝内侧的潟湖湾主要由潮汐动力控制，虽然由于水深较浅，含沙量受风浪影响明显，但一般床面泥沙只是在局部发生冲刷、掀扬和落淤，因此其冲淤变化较小，基本处于相对平衡或微淤状态。东坑坨离岸沙坝及外侧近岸浅滩区主要由波浪动力控制，由于该岸段近似垂直于 SE、ENE 向等盛行波浪，因此波浪对海底泥沙的扰动作用较强，泥沙存在较强的横向运动。粗颗粒泥沙常被搬运到近岸水域，而细颗粒部分则随波浪退潮被带至水深较大的海底。本岸段沿岸泥沙主要由东向西输移，在 NE 向浪和涨潮流作用下到达老龙沟潮汐通道口门附近，参与拦门沙和水下沙嘴的建造。

东坑坨与蛤坨之间的通道口门区受潮流和波浪动力的共同作用，由于口门水域宽阔，涨、落潮流路不一而形成明显的涨、落潮流冲刷槽，涨、落潮流冲刷槽之间的缓流区发育拦门沙浅滩。老龙沟落潮三角洲地区的泥沙存在潮流转运和外坝转运两种方式，但以潮流转运占优。由于沿岸流为自东向西，所以上游方向的来沙首先从涨潮冲刷槽进入潮汐通道输沙系统。由于潮汐通道深槽内涨、落潮流基本相当，因此绝大部分泥沙在通道内运移不远就会被落潮流冲出口外，在拦门沙边缘沉积下来，此即为潮流转运。拦门沙边缘的部分沉积物则在波浪作用下形成冲流坝，然后在潮汐余流和波生流的带动下，向输沙下游侧（西南侧）转移，形成外坝转运，但其总的方向是向陆的。

3.2　潮汐深槽形成动力机制

曹妃甸海区海岸地貌体系是滦河改道后，古河口三角洲在波浪和潮流的共同作用下重新改造而成的,其中潮流是塑造和维持现代潮汐通道深槽水深的主要动力。曹妃甸深槽、老龙沟通道、南堡深槽水域均为本海域的潮流动力最强区,潮流是塑造和维持深槽水深的主要动力。但引起局部潮流增大的主要原因,即形成动力机制,不同深槽之间有着明显的差异。其中岬角地貌引起的局部潮流增大是曹妃甸深槽和南堡深槽形成的主要动力条件,而漫滩水流归槽和狭窄口门束水作用导致流速增大则是维持老龙沟通道深槽水深的主要动力。

3.2.1 曹妃甸深槽

曹妃甸沙岛前沿海区原为一始自海河口且伸向渤海海峡的构造深槽,后发育为水下河谷,因此该深槽的发育有着一定的地质构造基础。但是该深槽在古滦河曾为本海区带来大量泥沙的情况下,仍能维持水深并长期保持稳定,这与曹妃甸岬角地貌引起的局部潮流增大、潮流动力冲刷作用增强密切相关。曹妃甸岬角地貌形成渤海湾北部向南突出的三角形地带,必然引起甸前局部海区潮流速度增大。图3.13给出了2006年3月曹妃甸海区大潮涨潮平均流速的空间分布。如图所示,来自NE向的涨潮流在绕过甸头时被挑至NW方向,在甸头前沿深槽区因岬角效应明显存在挤压现象,引起局部水流增强并使深槽成为水流最强区。甸头前沿流速局部增大区与深槽水域分布基本一致,且流速自甸头向外海随着岬角效应的减弱而逐渐减小。如在甸头前沿500 m处涨潮平均流速最大为0.95 m/s,距甸头约1 km和2 km处流速分别减小至0.8 m/s和0.7 m/s,距甸头4～6 km处流速则减小至0.6 m/s。甸头前沿水域的落潮平均流速也具有同样的空间分布和变化规律(图3.14),但与涨潮时相比,落潮期间岬角效应引起的局部流速增大区域范围和幅度都要明显偏小。

为了进一步论证和量化不同边界条件对曹妃甸深槽水动力的影响,利用已验证的潮流数学模型对"切岛"地形条件下的潮流场进行了计算和对比分析。"切岛"地形是指在2006年地形的基础上挖去曹妃甸沙岛及围海工程,即去除岬角地貌(图3.15)。潮流数学模型选择2006年3月实测大潮为典型潮位过程,并对本海区15条垂线流速和流向过程进行了详细验证。

研究结果表明,曹妃甸沙岛被挖掉后,甸头岬角地貌引起的局部流场变化消失,由NE—NW向绕流变为基本N—W向的往复流(图3.16);相应原甸头前沿深槽区的流速明显减小(图3.17),岬角效应及深槽赖以存在的动力条件随之消失。位于深槽且距甸头距离0.8 km、1.4 km、3.0 km、5.0 km的

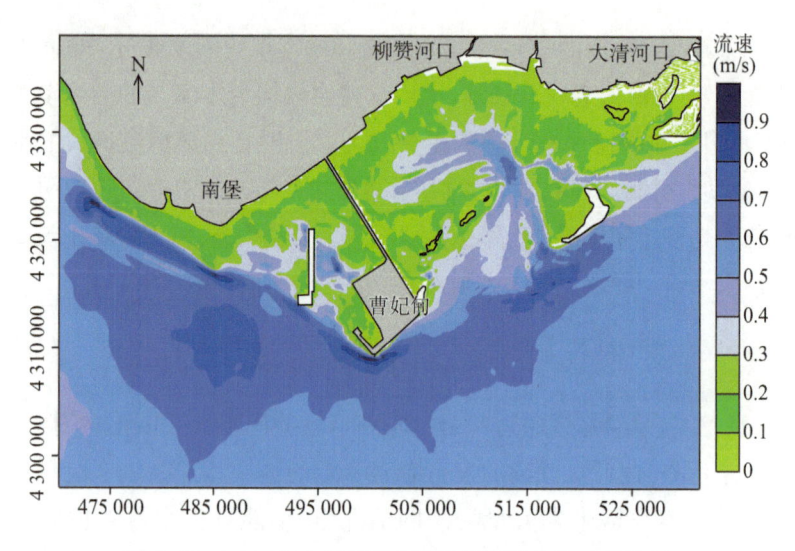

图 3.13　2006 年 3 月曹妃甸海区涨潮平均流速分布图

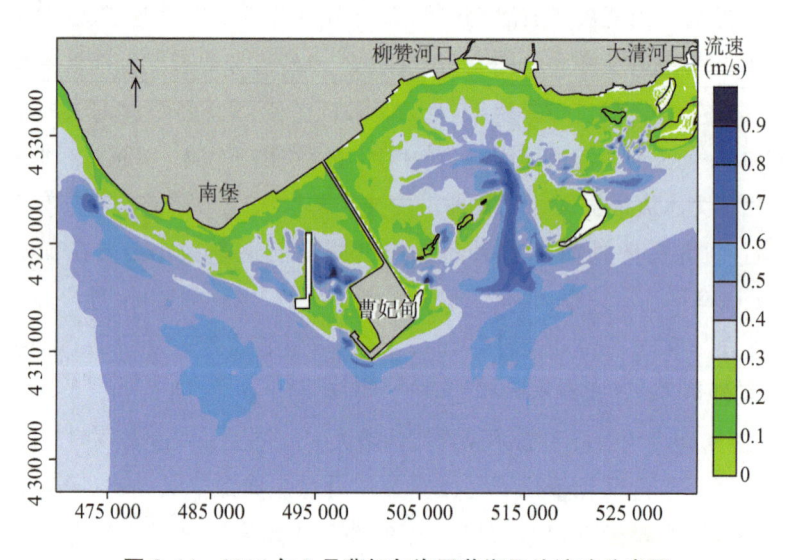

图 3.14　2006 年 3 月曹妃甸海区落潮平均流速分布图

4 个监测点,涨潮平均流速分别减小了 35.5%、30.4%、19.1% 和 11.3%,落潮平均流速分别减小 37.5%、32.7%、19.6% 和 11.0%。而距甸头距离约 10 km 的深槽外侧水域,涨、落潮流速则基本不变。对比分析可见,深槽区流速减小的幅度与距甸头的距离成反比,这主要是距甸头越远岬角效应越小的缘故。由此证明,曹妃甸沙岛形成的岬角地貌构成了深槽的边界条件,由此引起的局部潮流增大则成为深槽形成与维持的动力条件。

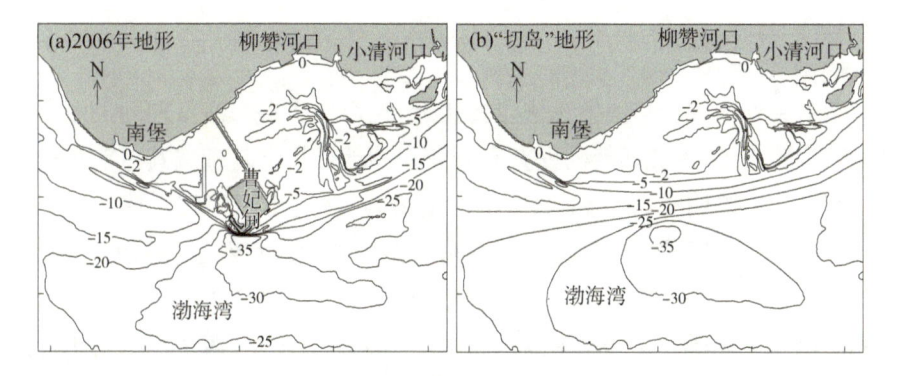

图 3.15　曹妃甸海区潮流数学模型计算地形条件

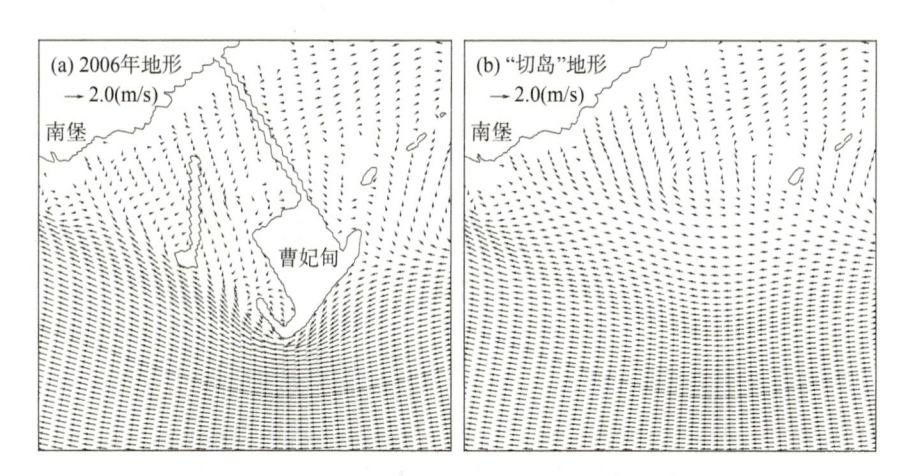

图 3.16　曹妃甸海区涨急流场图

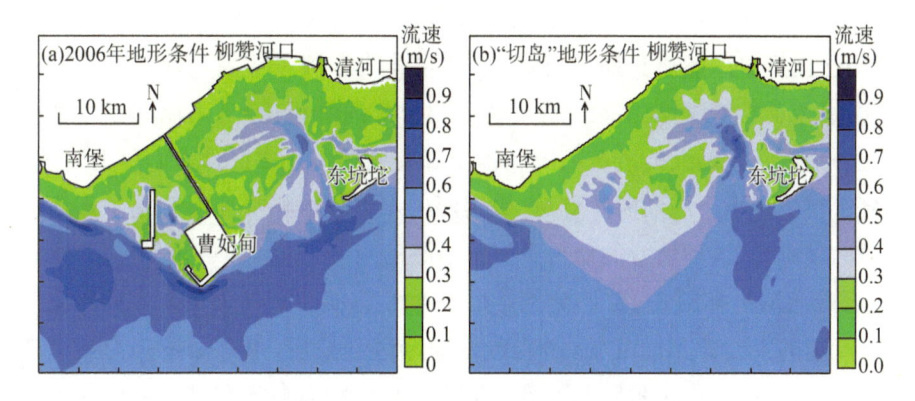

图 3.17　曹妃甸海区涨潮平均流速空间分布图

3.2.2 南堡深槽

曹妃甸前沿深槽与南堡深槽位置接近，且都位于自海河口伸向渤海海峡的水下河谷带上，因此两者的发育有着相似的地质构造基础。其中前者受甸头岬角效应影响明显，成为本海区的潮流最强区，这也是深槽水深能够长期维持的主要动力因素。曹妃甸海区自东向西的涨潮流在经过甸头的挑流后，折向西北形成了较强的贴岸流，长期冲刷作用下形成自甸头前沿向西北延伸的指状贴岸冲刷槽。该冲刷槽的走向比南堡深槽偏北9°，两个深槽呈不连续状态(二港池码头前沿)，10 m等深线间断约2.9 km，其间最浅水深为8.5 m。可见，由于两个深槽呈不连续状态，走向也有一定差异，因此虽然曹妃甸岬角产生的贴岸流对南堡深槽的形成发育有一定帮助作用，但显然不是其主要形成原因，故南堡深槽与曹妃甸前沿深槽是两个相互影响又各自独立的深槽。

南堡海岸平面上呈现为向渤海湾凸出的三角形滩地，特别是其0 m等深线向海凸出4.2 km，紧贴南堡深槽，具有明显的岬角地貌特征。因此，绕过曹妃甸头的涨潮流沿贴岸冲刷槽到达南堡岬角的东侧海区后，一小部分水流漫向原二龙沟所在的浅滩区，另外，0 m线以下大部分水流则绕过南堡岬角贴岸进入渤海湾西部。水流在绕过南堡岬角时，产生了明显的岬角效应，使其前沿局部海区潮流速度明显增大。南堡深槽水域在岬角地貌效应的影响下，明显存在局部流速增大的现象，流速增大区与通道深槽水域分布基本一致。如岬角本身所在的潮滩区涨潮平均流速不足0.2 m/s，而在岬角前沿400 m的深槽区涨潮平均流速最大可达0.92 m/s，紧邻深槽的潮流沙脊浅滩区平均流速则在0.45～0.60 m/s。因此，在曹妃甸西侧海区水体含沙量较大的情况下，南堡深槽水深能够长期保持稳定，这与其浅滩岬角地貌引起的局部潮流增大、潮流动力冲刷作用增强不无关系。与涨潮时相比，落潮期间岬角效应引起的局部流速增大的区域范围和幅度都要明显偏小。此外，南堡深槽外侧发育有与之相平行的潮流沙脊，脊槽相间的水下地形格局使得深槽内产生有较强的贴岸流，这种独特的动力条件也是深槽能够长期维持的重要原因之一。

图3.18(a)和图3.18(b)分别给出了本海区2009年4月大潮期间涨急和落急流速的空间分布。由图可知，曹妃甸港区开发后，南堡深槽仍为局部流速最大区，且涨潮流速明显大于落潮流速。目前随着曹妃甸港区西侧一港池和二港池的码头围填基本完成，以及南堡油田的1#、2#和3#人工岛的建

设,南堡附近海区的岸滩形势发生了较大变化,相应水动力作用也有一定改变。一方面,由于大片浅滩被围填成港区,因此甸头西侧贴岸冲刷槽内的涨潮流受到一定阻挡,其主流向有向外海一侧偏移的趋势,即与南堡深槽的主流向趋于一致,加之由于港区围填后涨潮期间的漫滩水流减少,因此水流更为集中,对南堡深槽内的水动力有一定增强作用。另一方面,南堡岬角的东侧由于大量港区围填,水域面积大幅减少,南堡岬角之势已不如港区开发前明显,因此水流绕过南堡岬角产生的流速增大效应可能有所减小。此外,南堡油田的1#人工岛和2#、3#人工岛分别建在南堡深槽的两侧潮滩区和潮流沙脊浅滩区,对南堡深槽内的涨、落潮流产生了明显的束水作用,故会导致潮流动力有所增强。由上述分析可见,曹妃甸港区开发与南堡油田人工岛建设对南堡深槽的水动力条件产生了一定影响,不利和有利的方面都存在。但从目前南堡深槽的流速空间分布来看,深槽内的动力条件并没有发生明显改变,即海岸工程没有明显改变南堡深槽的动力形成机制。

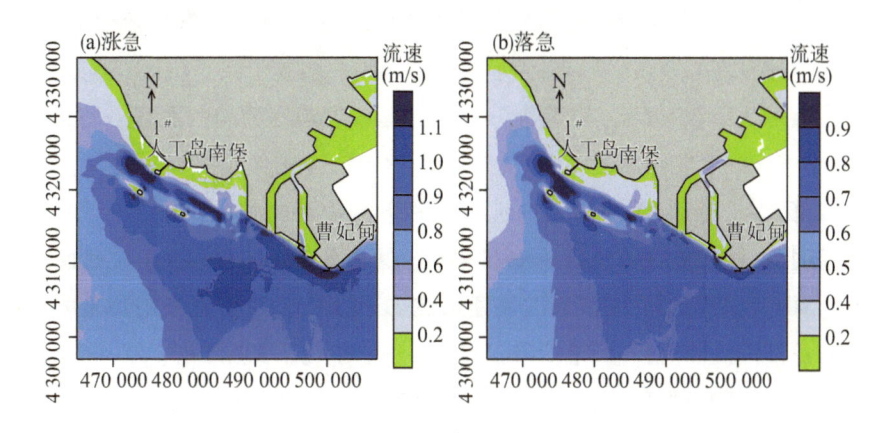

图 3.18　2009 年 4 月南堡—曹妃甸海区涨、落急流速空间分布图

综上可见,本海区虽然潮差较小,但特殊的海岸形态使得沿岸产生了较强的潮汐往复流。本海区存在曹妃甸、南堡和北堡三个岸线转折点,转折点附近的岬角效应使得局部流速有明显增大趋势。因此涨潮时,在曹妃甸前沿来自 NE 向的涨潮流在绕过甸头时被挑至 NW 方向,在甸头前沿深槽区因岬角效应引起局部水流增强使深槽成为水流最强区,并形成了较强的指向 NW 湾顶的贴岸流;该贴岸流经南堡时因岸滩凸出再次产生岬角效应,形成第二个局部流速明显增大区,这使得贴岸流得以维持继续向 NW 湾顶流动;当其

流经北堡附近时因岸滩再次转折产生岬角效应,形成第三个局部流速增大区;随后贴岸流到达湾顶海区,动力条件迅速减弱。对比分选涨、落潮平均流速空间分布可知,落潮时曹妃甸、南堡、北堡附近的岬角效应比涨潮时明显减小,因此潮流深槽内以涨潮流作用占优势。

3.2.3　老龙沟深槽

对于老龙沟海岸体系而言,离岸沙坝的存在使得涨、落潮水只能通过相对狭窄的口门进出,束水作用使得流路集中、流速增大,造成口门附近深槽水道的冲刷。落潮期间,大片浅滩上的漫滩水流不断向通道深槽汇聚,引起落潮流增强,也是一个重要的原因。可见,虽然本海区平均潮差较小,但由于纳潮水域广阔,潟湖纳潮量巨大,涨、落潮流动力强劲,构成了塑造和维持老龙沟通道深槽的主要动力条件。

无论是涨潮还是落潮期间,老龙沟海区均具有通道深槽和潮沟处流速较大、岸滩附近与外海流速稍弱的分布规律。其中,大片浅滩区潮流流速较小,落潮平均流速多在 0.3 m/s 以内,而通道深槽内则一般大于 0.7 m/s,蛤坨附近深槽区最大可达 0.85 m/s。与落潮期间相比,潮汐通道深槽内的涨潮平均流速明显偏小,这表明老龙沟海区,特别是通道深槽内的冲刷作用主要是落潮流引起的。在涨、落急时刻,潮汐通道内涨潮流和落潮流动力作用的差异更加明显。如涨急时刻深槽内的潮流流速一般在 0.6～0.8 m/s,而落急时刻则普遍在 1.3 m/s 以上,蛤坨附近深槽最大流速可达 1.75 m/s。这种现象主要是因为本海区水流涨潮漫滩、落潮归槽所致。此外,老龙沟拦门沙地区由于水深较浅,也产生了较明显的岬角效应,使得拦门沙外侧局部地区涨潮流速增大,并发育小规模的潮流冲刷槽。综上所述,老龙沟通道口门较狭窄,束水作用明显,特别是落潮流期间漫滩水流归槽导致深槽内流速明显增大,海床冲刷作用显著。

3.3　滩槽冲淤变化总趋势

3.3.1　基于 RS 和 DEM 的滩槽冲淤演变特征

基于不同时期遥感(Remote Sensing,RS)影像数据和地形图中提取的海岸线信息,利用 ArcGIS 的叠合功能截取相应研究地段,统一比例尺进行复合、分析与计算,即可得出海岸线变迁的信息与规律。同时在 Surfer 和 ArcGIS 中对数字化后的地形数据进行插值与加密,建立不同时期的数字高程模型(Digital Elevation Model,DEM)(图 3.19),通过体积与高程变化计算分析,得到不同时期的海床冲淤演变特征与规律。与传统的断面地形冲淤对比法相比较,该方法利用整个地形图的全部地形信息,其数据采集的精度和对测图的利用效率都大大提高;同时该方法具有强大三维表达和空间分析能力,在整个计算过程,包括地图数字化、三维表面生成、体积计算、冲淤变化分析、断面分析可在一个系统内完成,大大提高了工作效率。

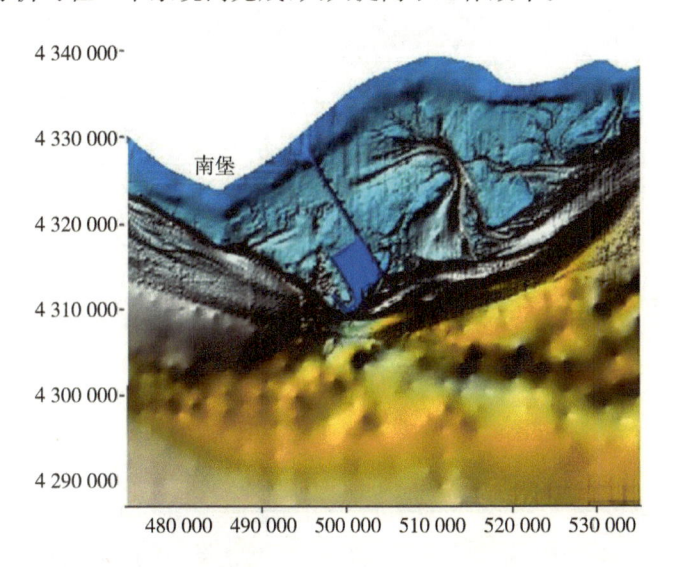

图 3.19　2006 年曹妃甸海区数字高程模型(基于矩形规则格网)

图 3.20 和图 3.21 分别给出了曹妃甸海区 1996 年和 2006 年的等深线对比和冲淤厚度分布。由图分析可知,1996—2006 年,本海区离岸沙坝外侧海区整体上以冲刷态势为主,等深线不断向陆蚀退,其蚀退速率存在甸西海区大于甸东海区的变化规律,海床平均刷深则多在 1～2 m。值得注意的是,紧邻曹妃甸码头西侧的局部海区,有面积约 5 km^2 的水域海床平均刷深可达 5～10 m,其主要原因与此处进行港池开挖和码头围填有关。沙坝内侧的潟湖缓流区则以淤积态势为主,老龙沟通道深槽附近则有冲有淤,冲淤变化较复杂。此外,本海区由于受到水产养殖围涂等人类活动的影响,岸线推进速度较快,1996—2006 年向海推进了 1.5～2.0 km,平均推进速率150～200 m/a。

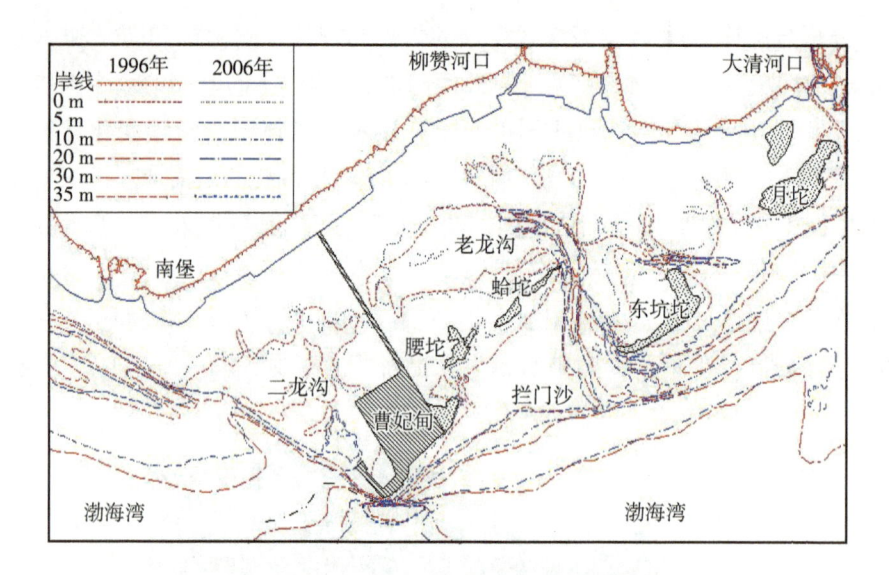

图 3.20　曹妃甸海区 1996 年和 2006 年等深线对比

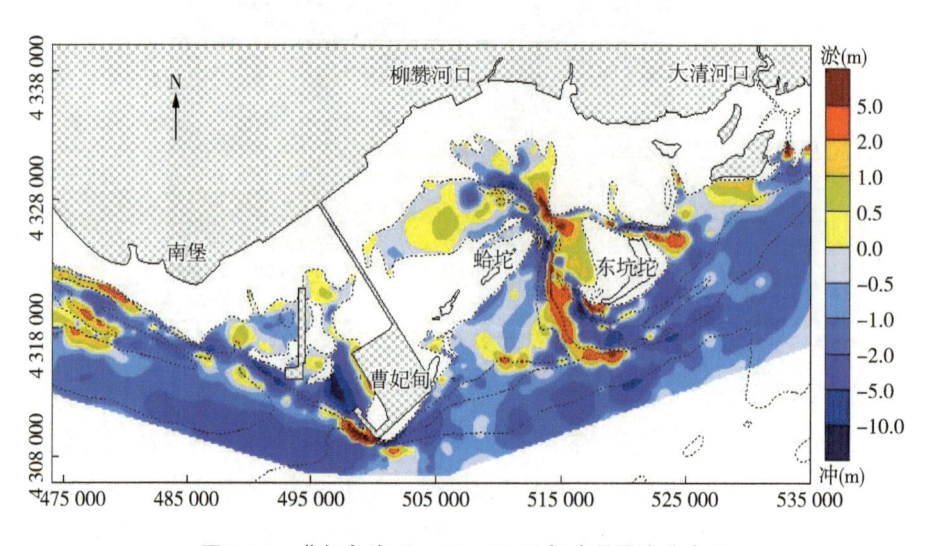

图 3.21　曹妃甸海区 1996—2006 年冲淤厚度分布图

图 3.22 给出了滦河口至曹妃甸近 70 km 范围内海岸线 1976 年、1994 年和 2005 年迁移变化情况。分析结果表明，30 年来沿岸沙坝逐年向陆后退，尤以滦河口南侧呈弧形分布的河口外缘沙坝侵蚀后退速度最快。根据 1994 年和 2005 年卫星资料分析可知，后十年间这一侵蚀后退幅度已比前 20 年有所减弱，且由于京唐港挡沙堤的作用，京唐港北侧 2～4 km 范围内岸线有向海

淤进的趋势,这也是典型沙质海岸工程实施后的演变特征。1988年和2003年卫星图像对比分析表明,15年间大陆岸线以向海推进为主,这是围海养殖等人为因素所致;而近海区的岛屿、沙坝岸线在海岸动力条件下以侵蚀后退为主。其中蛤坨和南、北沟坨沙坝水边线呈向岸平移倾向,北沟坨浅滩变小,而南沟坨呈现淤涨状态。

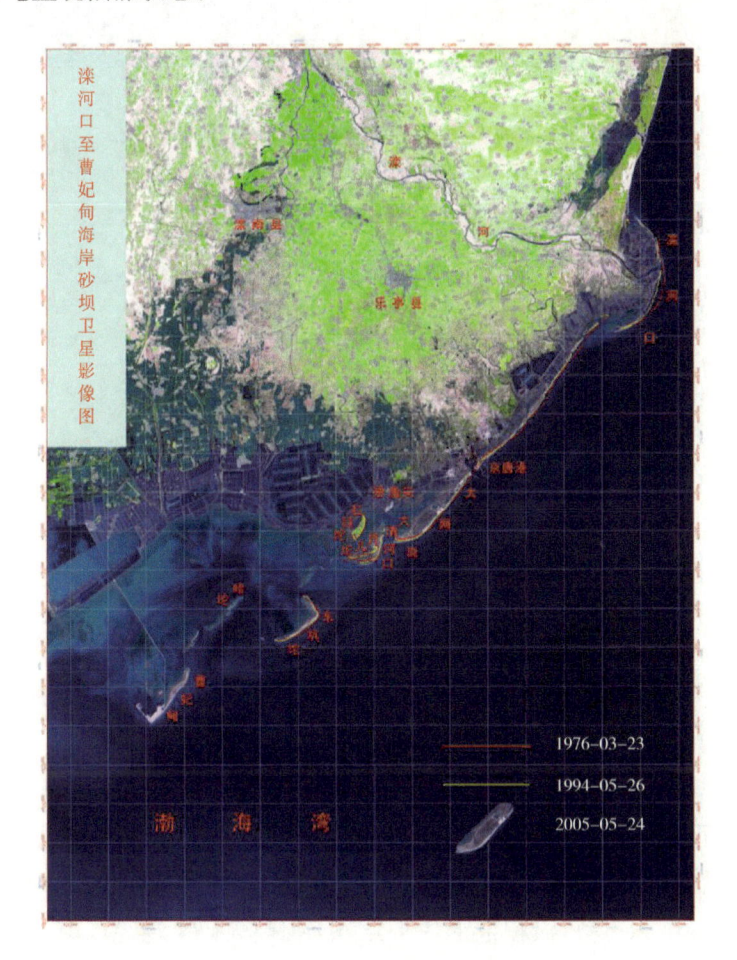

图3.22 滦河口至曹妃甸岸线变化

3.3.2 曹妃甸深槽冲淤变化

曹妃甸前沿通道深槽为曹妃甸港区深水码头的集中布置区,其滩槽冲淤演变与港区的开发利用过程密切相关。根据本海域历年水深地形资料,进行曹妃甸深槽水域的冲淤对比分析(图3.23、图3.24)。

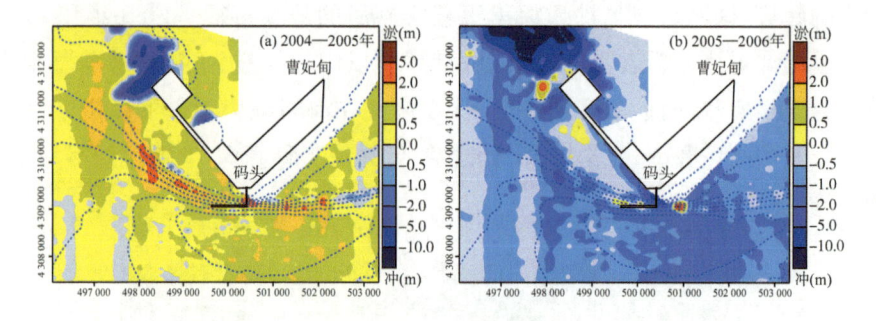

图 3.23 曹妃甸前沿潮流通道深槽冲淤厚度分布图

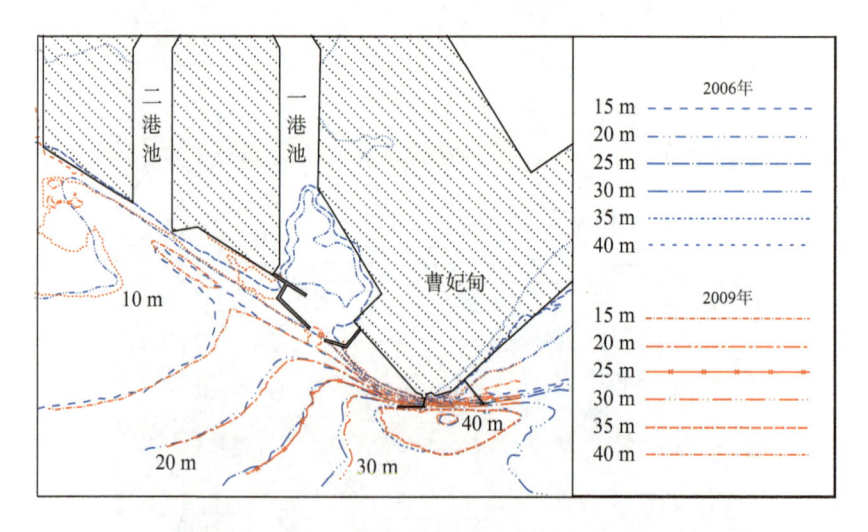

图 3.24 曹妃甸深槽 2006 年和 2009 年等深线对比

从 2004 年 4 月至 2005 年 3 月,曹妃甸矿石码头一期工程实施约半年时间,在矿石码头建设、煤码头港池的开挖以及后方围填造陆工程的实施过程中,该海域发生了较大的冲淤变化(图 3.23(a))。在这一年期间,本海区表现为大面积的淤积态势,淤积范围主要分布于拟建煤码头港池以南 25 m 等深线以内和矿石码头东南的 35 m 深槽区水域,海床淤积厚度则多在 0.5～1.0 m。甸头西部水域呈现出冲淤相间的分布特征,其中两条范围较大的淤积带位于煤码头开挖港池的南侧,其间宽度约为 500 m 范围则基本处于略有冲刷的状态。从两条淤积带自开挖位置向南逐渐延伸且淤积厚度逐渐减小的变化趋势可以明显看出,煤码头港池开挖过程中流失泥沙随潮流输运对该水域淤积的影响范围。在甸头东部,最大淤积发生在码头东侧 1 000～2 000 m 的 15～

25 m等深线附近水域,淤厚可达1~2 m;甸前35 m深槽区也出现了较大范围的淤积,淤积厚度多在0.5 m以内。由此可见,甸头水域码头施工开始后,在初期由于工程实施及抛泥没有得到较好的控制,大量泥沙随潮流输移后落淤,造成了该海域较大范围的淤积。

从图3.23(a)的2005年3月至2006年4月的冲淤分布看,随着码头工程施工的结束,该海域出现了大范围的冲刷趋势。对比图3.23(a)中的冲淤分布可以看出,在2004年4月至2005年3月出现大范围淤积的位置,本时期内则表现为大面积的冲刷状态。冲刷的幅度也相对较大,其中原煤码头港池南侧的淤积带现在冲深了0.5~1.0 m,原矿石码头东南侧淤积区的海床冲刷深度则多在1 m以上。可见,由于矿石码头工程施工的结束和港池开挖的基本完成,曹妃甸深槽区泥沙来源大大减少,同时由于甸头围填造成岬角效应增大,甸前水域水流条件有所增强,导致本海区出现了大面积的海床冲刷态势。

2004年4月至2008年4月冲淤分析表明,甸头前沿海域整体上没有大冲大淤的变化,海床基本处于冲淤平衡并略有轻微冲刷的状态,其中深槽冲刷幅度多在0.5~1.0 m。特别是2004—2005年矿石码头与煤码头港池之间出现的淤积带,其范围和厚度都有明显减小,局部还呈现了有冲有淤的状态。这说明该水域海床冲淤在受施工影响后,逐渐向平衡状态过渡。值得指出的是,煤码头港池浅滩水域由于存在大规模的开挖,海床表现出强烈下切的态势,下切深度可达10 m以上。此外,2006年和2009年等深线对比分析也表明(图3.24),曹妃甸深槽的平面位置没有出现明显摆动,海床冲淤变化幅度也较小。其中甸头岬角西侧的35 m深槽区受采沙吹填影响以淤积态势为主,淤厚为0.5~1.0 m,东侧则以冲刷态势为主,海床刷深多在0.5 m以内。甸头前沿深槽实测最大水深2006年为41.6 m,2009年为41.8 m。

综上可知,曹妃甸港区开发过程中,甸头前沿深槽的稳定性良好,即曹妃甸深槽在长期的海洋动力作用下,边界条件与动力条件已基本适应,因此海床整体上处于基本稳定状态。近年来,由于本海区泥沙供给不足,加之甸头围填使得岬角效应增强,导致甸前局部水域水动力有所加强,深槽呈轻微冲刷态势。2004—2005年,由于码头工程实施及港池开挖抛泥没有得到较好的控制,大量泥沙随潮流输移后落淤,造成了该海域较大范围的淤积,但随着工程的结束,施工对海床冲淤的影响逐渐减弱并向平衡状态过渡,海床演变也重新转变为以轻微冲刷为主。

3.3.3 南堡海区冲淤变化

1996—2006年,南堡与曹妃甸之间的海区整体上以冲刷态势为主,等深线不断向陆蚀退,海床平均刷深多在1~2 m。南堡深槽也以冲刷为主,其平面位置稳定,10 m深槽的长度基本不变,宽度有轻微增加。南堡深槽外侧两个潮流沙脊相互交错的浅滩区有一个局部的淤积带,淤积厚度一般为1~2 m。值得注意的是,紧邻曹妃甸码头西侧的局部海区,有面积约5 km² 的水域海床平均刷深可达5~10 m,其主要原因和此处进行港池开挖和码头围填有关。此外,由于受到水产养殖、盐田围涂等人类活动的影响,大陆岸线淤进速度较快,10年间向海推进了1.5~2.0 km,平均淤进速率150~200 m/a。

截至2009年3月,曹妃甸港区一港池和二港池码头区的围堤已经基本建成,大片浅滩被开发成港区,本海区的岸滩形势发生了较大变化。图3.25和图3.26分别给出了南堡—曹妃甸海区2006—2009年的冲淤厚度分布和等深线对比。由图分析可知,2006—2009年本海区的冲淤演变受人类开发活动影响强烈。其中在南堡深槽、双龙河口、二港池西侧码头区之间,分布有多个冲深较大的不规则冲刷区,海床下切深度可达5~9 m。究其原因,主要是在此处大规模海床采沙进行港区码头围填形成了多个采沙坑。一港池与二港池

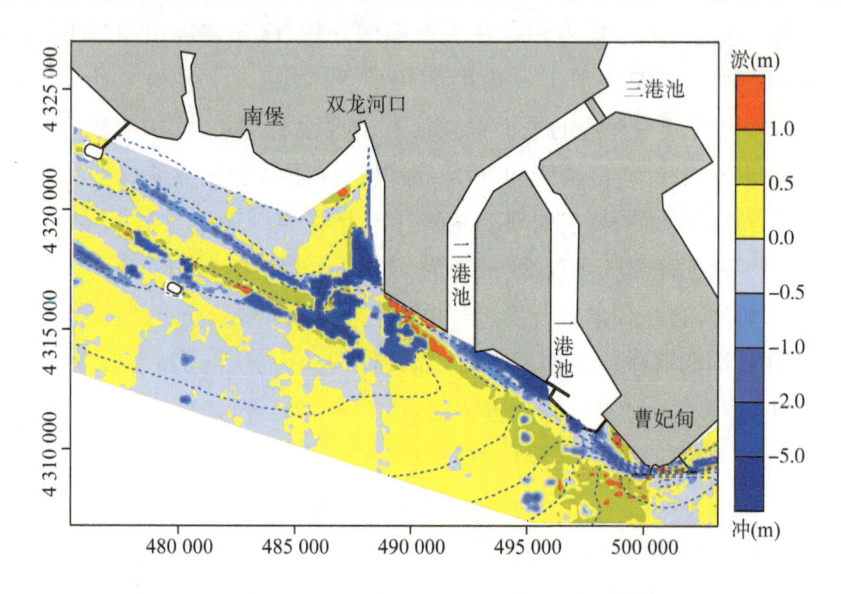

图3.25 南堡—曹妃甸海区2006—2009年冲淤厚度分布图

第三章 动力环境及稳定性分析

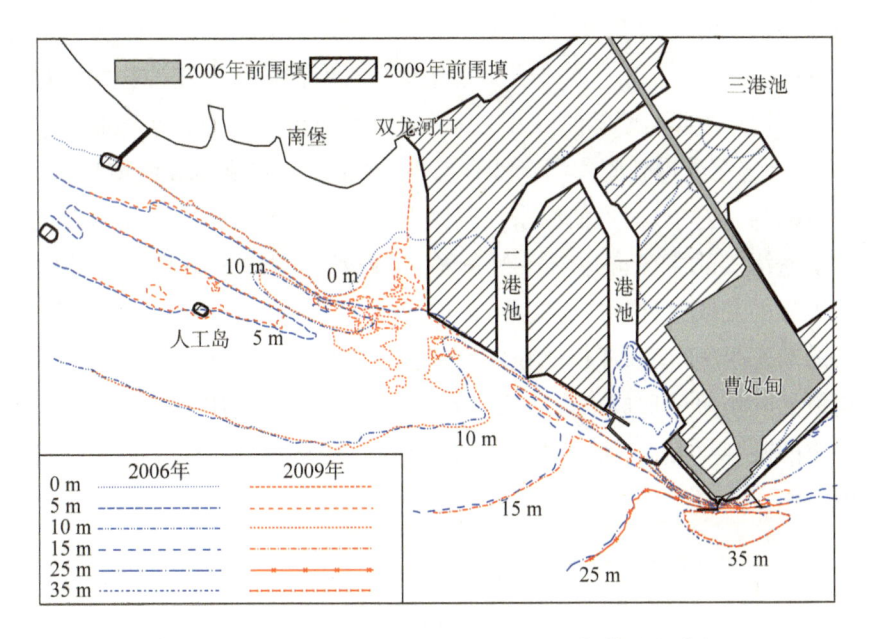

图 3.26　南堡—曹妃甸海区 2006—2009 年等深线对比

间的码头区前沿也有一处因吹填港区形成的冲深区，海床下切深度在 2~6 m。此外，在南堡油田 3♯人工岛附近的潮流沙脊浅滩区，也有多个由于吹填人工岛形成的小型采沙坑。

海床采沙吹填港区不仅可以形成采沙坑，表现为海床强烈下切，而且采沙期间还会造成水体含沙量大幅增加，浑浊水体随着涨、落潮流而不断迁移运动，对临近海区的冲淤演变产生严重影响。如在落潮流带来的浑水影响下，二港池码头前沿采沙区至曹妃甸甸头之间的深水区（水深大于 10 m）整体呈淤积态势，其中贴岸冲刷槽内淤积厚度最大，形成一个淤厚在 0.5~1.0 m 的带状淤积区；而贴岸冲刷槽向海一侧的深水区，淤积态势相对较弱，淤积厚度多在 0.5 m 以内（图 3.25）。受此影响，二港池和一港池口门之间的 15 m 贴岸深槽（2006 年连续贯通）目前已呈不连续状态，各级等深线也有向海轻微淤进的态势。南堡深槽紧邻采沙区，在涨潮流带来的浑水影响下，也以淤积态势为主，其中 10 m 深槽内海床淤积厚度多在 0.6~0.9 m，7 m 和 10 m 等深线间的海床淤积厚度则在 0.2~0.4 m。除了南堡深槽以淤积为主外，南堡岬角以西的海区大部分呈冲刷态势，海床冲刷深度多在 0.5 m 以内。

值得注意的是，与深槽内呈淤积态势相反，南堡深槽陆岸一侧的边缘分

073

布有一个狭长的冲刷带,海床冲深多在0.5～1.0 m,靠近深槽中心附近位置最大冲深超过3 m。该冲刷带表明南堡深槽具有向陆岸一侧偏移的趋势,而这种演变趋势主要与南堡油田人工岛的建设密切相关。由于南堡油田2#和3#人工岛建在深槽外侧的潮流沙脊上,一方面使得潮流沙脊浅滩区上的动力有所减弱,另一方面可使原来浅滩区上的部分水流被集中在深槽内,从而导致南堡深槽的主流向岸滩一侧偏移,进而冲刷浅滩形成狭长的冲刷带。随着工程的完成这种效应会逐渐减小,南堡深槽的形态与动力作用将会达到新的动态平衡,南堡深槽的稳定性不会因此发生较大改变。此外,本海区大规模的吹填采沙形成了多个采沙坑,对当地的水流结构与滩槽态势产生了一定的破坏作用,这也可能是引起南堡深槽轻微向陆偏移的一个重要原因。

3.3.4　老龙沟海区冲淤变化

1. 年际冲淤变化特征

由图3.21分析可知,1996—2006年,除老龙沟潮汐通道东、西口门附近外,曹妃甸海区东坑坨、蛤坨、腰坨等离岸沙坝外侧海区在整体上都以冲刷为主,冲刷深度多在0.5～2.0 m。由其海床断面冲淤对比分析可知,东坑坨沙岛外侧近岸浅滩明显发生蚀退,1996—2006年0 m等深线向岸后退了550～730 m,平均蚀退速率55～73 m/a;同时在横向上,冲刷深度具有近岸浅滩区较大、深水区较小的分布规律。由图3.20、图3.21和图3.27分析可知,东坑坨沙岛的东侧和北侧(向海侧)都出现较明显的冲刷趋势,0 m等深线经过蚀退后现已紧贴沙岛的主体。与此同时,东坑坨西侧与西南侧(向陆侧)出现明显的大面积淤积区,其中西侧淤积厚度在0.5～2.0 m,0 m等深线已向老龙沟深槽方向推进了800～900 m,平均推进速率80～90 m/a(图3.27);东坑坨沙岛西南侧的末端也有不断向老龙沟深槽淤进的趋势,淤积带长约2.6 km,平均淤厚在4 m以上。

蛤坨与东坑坨之间的老龙沟西支主槽内以冲刷态势为主,冲刷下来的泥沙部分淤积在口门附近,因此深槽海床冲刷幅度具有自潟湖湾向口门逐渐减小的分布规律。其中水深大于10 m的深槽冲刷趋势明显,海床刷深在2～5 m之间,而靠近外海的口门段则有轻微淤积。对比1996年和2006年等深线可知(图3.27),西槽口门段具有明显缩窄并向西侧摆动的趋势。其中5 m

深槽宽度十年间从 800~900 m 减小至 300~500 m,缩窄了 200~500 m;深槽东侧 5 m 等深线向西偏移了 300~900 m,西侧 5 m 等深线向西侧偏移了 400~500 m,因此使得深槽东侧海床呈淤积而西侧呈冲刷态势。此外,深槽两侧的拦门沙体还有轻微向海推进的趋势。

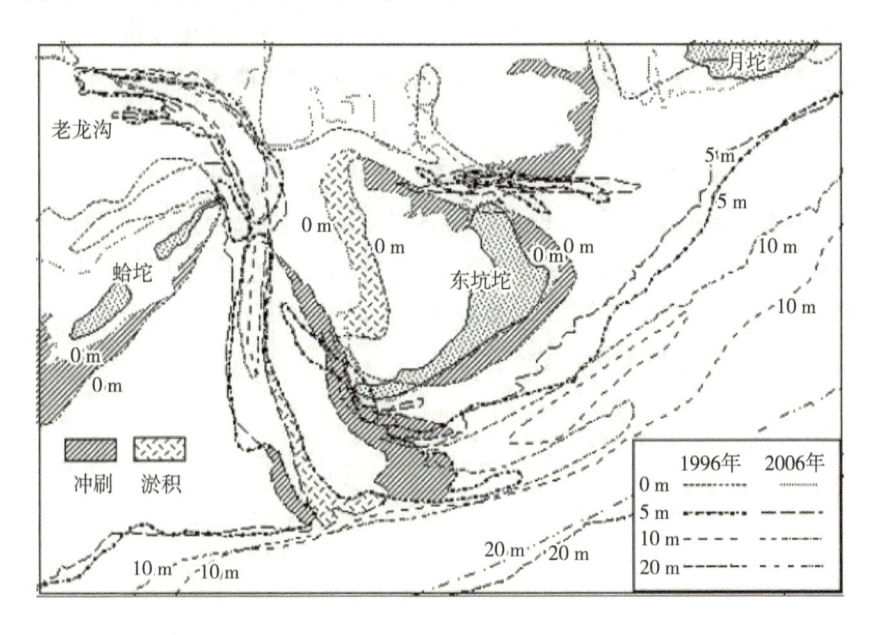

图 3.27　东坑坨周边海区 1996 年和 2006 年等深线对比

紧贴东坑坨沙岛的东槽近十年来冲刷发展态势十分明显。1996 年不连续的 5 m 深槽 2006 年已经贯通并向西北延长约 1.5 km,靠近东坑坨西南端的宽度由 400~600 m 增加到 700~1 100 m;10 m 深槽也明显发育并长达 4 km,最大水深由 1996 年的 7.2 m 增大至 2006 年的 19.6 m。东槽在不断发展扩大的同时,也出现了明显向西侧摆动的趋势。经对比量测,十年间 5 m 深槽向西摆动了 400~600 m。东槽与西槽之间的缓流区则有明显淤积,淤积带长约 10 km,宽 1~2 km,淤厚多在 2 m 以上。

此外,东坑坨与月坨之间的老龙沟东支深槽也以冲刷为主,深槽的宽度与深度均有明显的增加。1996 年多条不连续的 5 m 深槽 2006 年已连为一体,长约 3 km 的 10 m 深槽明显发育,最大水深从 9 m 增加至 19 m。深槽内冲刷下来的泥沙则在口门开敞水域附近由于水流扩散而沉降堆积起来,使得此处拦门沙浅滩进一步发展,淤厚多在 0.5~2.0 m。

由于1996年测图0 m等深线以上的潮滩区无水深数据,所以此范围内的冲淤变化无法直接进行对比分析。据研究,本海区潮滩近百年来呈一定的淤积状态,平均沉积速率为1.0~1.5 cm/a。考虑到沉积物的压实和泥沙来源较少等因素,可判定本海区的高潮位潮滩以淤积为主,但速率较小,一般在0.1 m/a以内。老龙沟潮汐通道海区2006—2007年冲淤变化分析表明,地形冲淤变化幅度较小,水深小于5 m的浅滩区海床以轻微淤积为主,平均淤积厚度一般小于0.2 m,这也和上述南京大学研究得出潮滩淤积速率约0.1 m/a的结论基本一致;水深大于5 m的深槽区海床则以轻微冲刷为主,平均冲刷深度多在0.2 m以内(图3.28)。特别是靠近东坑坨沙岛一侧的涨潮槽冲刷态势较明显,其2006年还分为三段的15 m深槽至2007年已连成一个整体。由此可见,2006—2007年老龙沟潮汐通道海区等深线整体变化较小,水深改变较小,表明该区域滩槽整体稳定性较好。

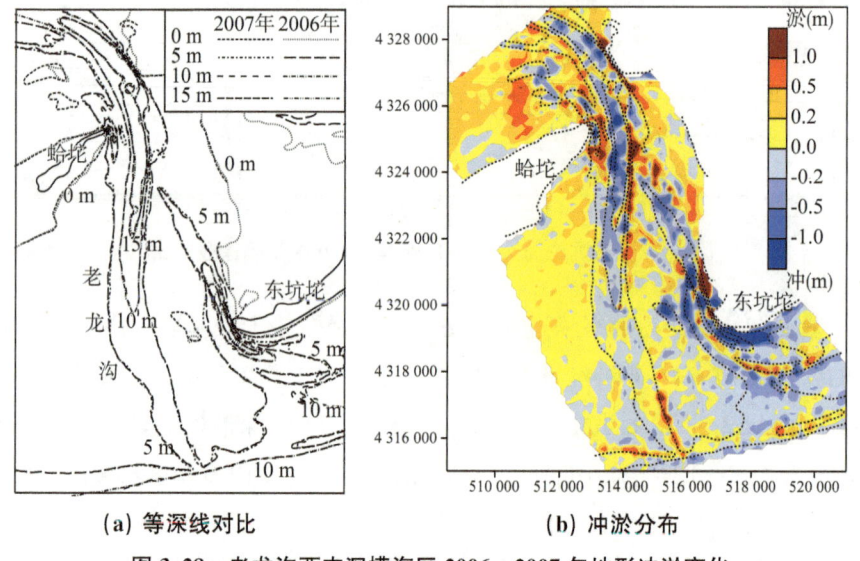

(a) 等深线对比　　　　　　(b) 冲淤分布

图3.28　老龙沟西支深槽海区2006—2007年地形冲淤变化

2. 年内冲淤变化特征

老龙沟海区的7条固定断面冲淤分析结果表明,2007年3—7月,边滩和深槽区都以冲刷作用为主,边滩的冲刷深度多在0.2 m以内,深槽冲深相对较大,多在0.2~0.5 m;2007年7—10月,本海区以淤积作用为主,海床淤积厚度多在0.1 m左右,通道深槽局部有所冲刷,最大冲刷深度约0.5 m。因此,2007年3—10月的断面监测表明整个海区虽然有冲有淤,但没有较大的冲淤变化,边滩和深槽中的冲淤幅度都比较小,一般都在0.1~0.5 m,整体稳定性较好。

综上所述,1996—2006年,本海区东坑坨等沙坝外缘近岸浅滩与深水区总体上呈轻微冲刷态势,等深线具有向岸平移的倾向;沙坝内侧的大面积浅滩水域则主要表现为淤积态势。老龙沟潮汐通道深槽内以轻微冲刷为主,冲刷下来的泥沙部分淤积在口门附近,同时西支口门附近的通道深槽具有向西摆动的趋势。由于年内平均冲淤幅度较小,表明老龙沟附近海区的滩槽整体稳定性较好。

3.4 滩槽稳定性分析

3.4.1 滩槽稳定性长期变化趋势

曹妃甸等沙岛是形成于古滦河输沙量巨大时的沙质海岸带,由动力较强的波浪与激浪流所堆积的海岸沙坝。该沙坝发育时间长,砂基深厚,细砂、粉砂质与黏土质交互成层,已形成稳定的沙质岛屿。由于滦河大量入海泥沙是离岸沙坝形成的基本条件,因此随着滦河的改道东移与入海泥沙的减少,本海区的泥沙供给明显不足,石臼坨、月坨、东坑坨、蛤坨到曹妃甸一线沿岸目前均处于轻微侵蚀后退状态,同时沿岸泥沙被潮沟切断,也表明本海区沿岸泥沙纵向供给不足。从宏观角度分析,老龙沟离岸沙坝-潟湖体系是在滦河改道、泥沙来源减少或断绝、侵蚀作用使该地区发生局部海进的情况下发育的,因而离岸沙坝-潟湖体系基本遵循海进时期的发育规律,其发展方向为:封闭潟湖—半封闭潟湖—海湾潟湖,最终转化为海域。但应该说这种转化是长时期的过程,最终转化要以万年计。

2006年分别在老龙沟深槽、南堡外深槽和潮滩采集岩芯柱状样,利用^{210}Pb活度变化对本海区百年时间尺度的沉积速率进行了研究分析。研究表明,南堡附近海区及近岸潮滩近百年来呈一定的淤积状态,平均沉积速率为1.0~1.5 cm/a,并且由于处于人类强活动区,沉积层序中有较强的扰动现象;而老龙沟深槽主要表现为冲刷,近百年来在岩芯所代表的区域几乎没有新鲜外来的沉积物堆积。曹妃甸前沿深槽的地震面表明,潮流通道仍保持完整的双肩谷地形态,靠近甸头的谷肩未被破坏,因此并无骤然侵蚀坍塌之患;同时由于泥沙供给不足,深槽目前呈轻微冲刷态势。

由上述分析可知,本海区海岸地貌形成发育年代较长,曹妃甸、东坑坨等离岸沙坝基础深厚,已形成稳定的沙质岛屿,加之潮汐通道深槽内泥沙淤积速率较小,因此长期以来滩槽形势基本稳定。同时由于沿岸泥沙供给不足,曹妃甸、东坑坨等离岸沙坝外缘在今后一定时期内仍将呈轻微冲刷态势。

3.4.2 岸滩平衡剖面计算与分析

海岸沉积物在波浪、潮汐、沿岸流和风等作用下,发生着侵蚀、输运堆积等现象,表现为离岸、向岸、沿岸的输运,经过长时间尺度的调整,最终达到某种均衡态,形成所谓的海岸"均衡剖面"(U. S. Army Corpsof Engineers,2002)。根据 Dean 提出的均衡剖面模型,其数学表达式为:

$$h = Ay^{2/3} \tag{3-2}$$

式中:h 为达到均衡时的水深;y 为离岸距离;A 为沉积物尺度参数,它与均衡剖面的中值粒径(D_{50})有关。

基于 1997 年、2006 年曹妃甸海区多条断面(P1~P9,位置见图 3.29)地形测量数据,分别采用最小二乘拟合法和 Dean 模型来建立当前地形的均衡剖面形态。计算结果表明,P1 断面上部与均衡剖面有较大出入(图 3.30),造成最小二乘法结果相关系数极低,而且其参数 A 值和中值粒径 D_{50} 与实际粒

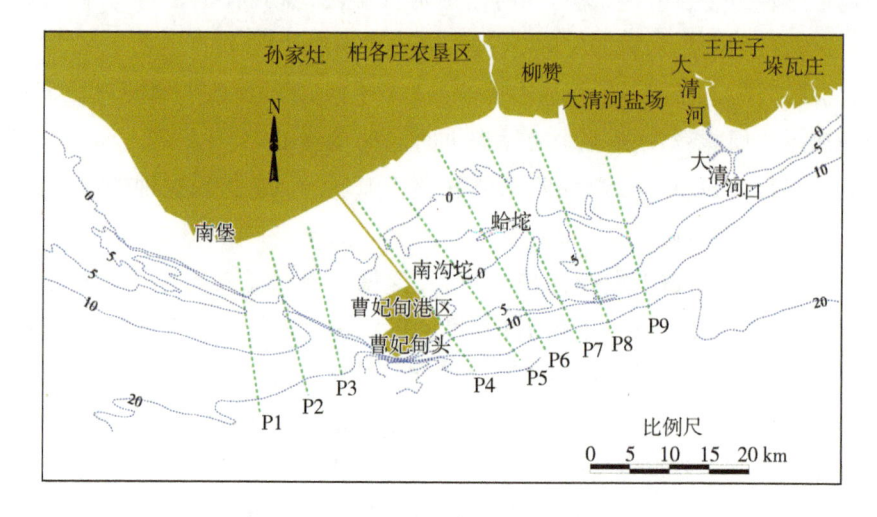

图 3.29 曹妃甸海域地形断面 P1~P9 位置

径计算的相应数值有较大差异。从1997年与2006年的地形数据来看，P1剖面上部、相对离岸距离5 000 m处为一深槽，并在十年尺度上相对较为稳定，表明该处并不适用均衡剖面模型。尽管如此，深槽以下的海岸剖面仍与理论均衡剖面较为接近，表明该处海岸已处于相当稳定的均衡状态。与1997年的地形数据相比，2006年时仅在剖面最深处（15 m）存在一定程度的侵蚀，与最小二乘法均衡剖面的结果较为接近。

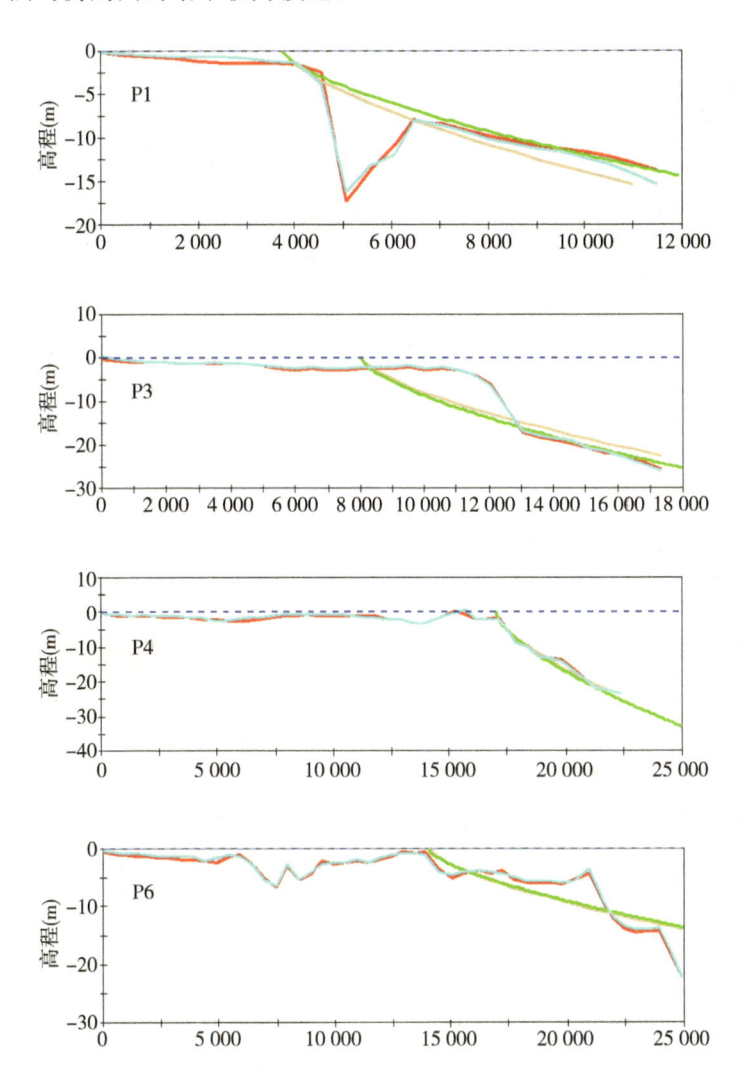

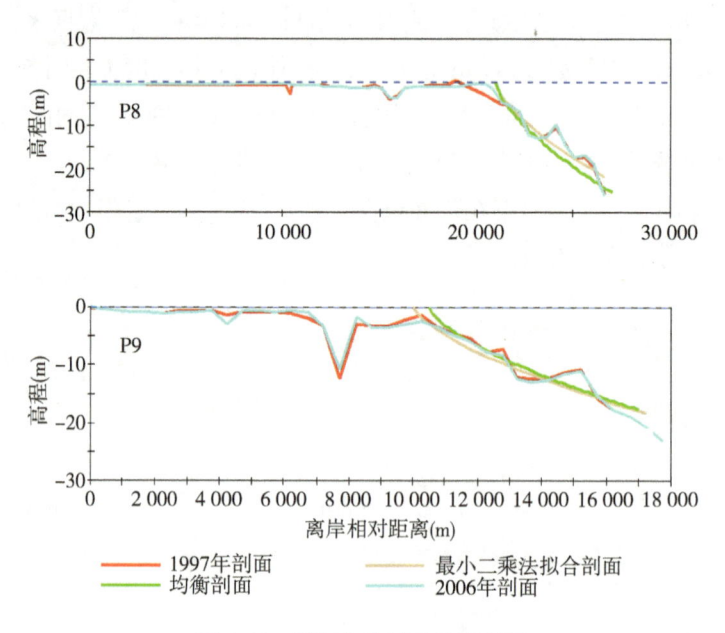

图 3.30　曹妃甸海域的均衡剖面

断面 P2～P3 的最小二乘法拟合结果与实际粒径的计算结果基本一致，拟合的相关系数较高，仅在 15 m 以上地形高于均衡剖面，15 m 以深剖面与均衡剖面较为吻合。断面 P4～P5 的实际粒径与均衡剖面计算的粒径较为接近，上部浅水剖面坡度极缓，分别在相对距离 17 km 与 20 km 处坡度迅速增大，剖面形态与均衡剖面的理论值非常接近，表明剖面已处于稳定的均衡状态中。

断面 P6～P9，尽管海底剖面在近海侧有比较高的拟合关系，但可发现在剖面水深约 15 m 处发育了一系列"凸起"状的水下沙坝（图 3.30），在天然条件下这些区域可能发生剖面的向下调整，但如果水动力条件能维持这些沙坝的存在，那么这里仍将处于动态平衡的调整之中。特别是剖面 P7，在相对离岸距离 10～15 km 处发育了一条水深约 20 m 的深槽，而且深槽的位置相对还是比较稳定的，表明这里的水动力、地质条件与深槽的形态是相适应的，近期不会发生大的冲淤变化；其发育不能简单地用均衡剖面模型来模拟。

根据 Dean 海岸均衡剖面模型，当海底沉积物由于自然或人为原因而变粗或粗化时，剖面将向下调整，即整个剖面呈现侵蚀状态；反之，如果沉积物变细，则剖面将向上调整，整个剖面将发生淤积，以达到自然均衡状态（图 3.31）。

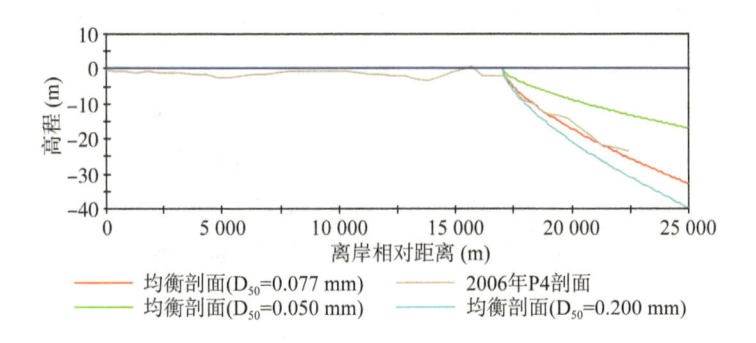

图 3.31　不同粒径条件下的海岸均衡剖面试验

根据 Hallermeier 方程，在年的时间尺度上取曹妃甸海区正常天气、极端天气条件下的平均波高分别为 0.5 m 和 2.5 m，可计算出该海区的闭合深度分别为 4.5 m 和 22.3 m。也就是说，正常天气条件下的地形变化主要集中在水深 4.5 m 以浅范围。从沉积物特征、水动力、沉积物输运来看，整个海区基本处于均衡状态，没有大的冲淤现象，与 1997—2006 年地形相对稳定基本吻合。

从海底剖面坡度的统计值来看，曹妃甸海域西部(P1～P3)海底坡度略小于该海域东部(P8～P9)坡度，前者为 1.352‰，后者为 1.421‰。但它们都比中部海底剖面的坡度大得多，中部剖面坡度仅为 0.948‰。从单个剖面来看，海域西部、东部剖面的坡度均大于 1‰。1997 年的海底剖面也是中部海底坡度较小，而东、西部坡度较大。通过比较发现，除 P7 断面外，曹妃甸海域其余断面 2006 年的海底坡度均大于 1997 年海底坡度，即表明从 1997 年至 2006 年海底剖面具有变陡的趋势，但变幅很小，变化的量级在万分之一以下，这种变化与海底沉积物略有粗化、海底均衡剖面向下调整(略有侵蚀)是完全吻合的。

P7 剖面位于蛤坨以南的一条深槽——老龙沟所处的位置，从水动力与沉积物输运计算可看出，这里的水动力较强，而且沉积物输运指向落潮流方向，表明沉积物是向海净输运的，尽管剖面的坡度略有降低，但降低幅度很微小(仅为万分之 0.041)，表明深槽仍是相当稳定的。

上述分析结果与 GIS 地形冲淤变化、遥感地形演化分析结果相吻合，即整个曹妃甸海域基本处于冲淤平衡的状态，1997—2006 年间海底基本稳定，潮沟或潮流通道、深槽的位置与规模相对稳定；局部海域虽有一定冲淤变化，主要表现为潮滩附近有一定的淤长，潮下带局部地区（如 P7 剖面）有一定的蚀低，但其幅度都较小。根据推移质输沙率、悬沙输运率计算和海底沉积物输运趋势分析，曹妃甸海区沉积物输运主要表现为沿优势流，即涨潮流方向（向西）的输运，在曹妃甸甸头以南海域输沙能力最强，其次是二龙沟与老龙沟海域，这与海底柱状岩芯[210]Pb 测试获得的长时间尺度的分析结果相吻合：近百年来，在曹妃甸东部海域沉积速率极低，而其西部海域有轻微的淤长。

3.4.3 活动性时间和活动层厚度

海底沉积物活动性有两个指标：一是沉积物活动时间，即在一定时段内海底沉积物处于运动状态的时间长度或时间百分比；二是各种不同时间尺度下的活动层厚度，若考虑水动力条件的季节性变化，则活动层厚度可以年为时间尺度来定义。

对于近岸和浅海区域，海底沉积物活动时间的计算主要应考虑波浪和潮流的共同作用。如果浪、流共同作用使近底部流速超过沉积物临界起动流速，则称海底沉积物处于活动状态。因此，一年中沉积物处于活动状态的时间百分比，即近底部流速超过沉积物临界起动流速的频率，可用潮流、波浪引起的近底部流速及其出现频率和一个大、小潮周期的近底部潮流流速的时间序列来计算。

根据 2006 年 15 个测站大、小潮测量期间的潮流流速时间序列来计算各观测点的海底泥沙活动性时间，用以概要说明。各站底质的粒度取自实测资料，其中值粒径都是细粉砂至中砂粒级，可用式（3-3）计算其临界起动流速：

$$U_{100CR} = 122.6 D_{50}^{0.29}, D_{50} < 0.2 \text{ cm} \tag{3-3}$$

式中：U_{100CR} 是距海底 1 m 的临界起动流速，cm/s；D_{50} 是沉积物的中值粒径，cm。

因上式需要距海底 1 m 处的流速，故可根据 von Karman-Prandtl 公式将实测垂线平均流速换算为 U_{100}：

$$U_{100} = \bar{U} - \frac{u_*}{\kappa} \ln(0.37H) \tag{3-4}$$

式中：κ 为海底表面糙度，与沉积物粒径和海底微地形有关。由于实测期间每隔 1 小时测量一次，则海底泥沙活动时间百分数可表示为：

$$T = \frac{U_{100} > U_{100CR} \text{ 的出现次数}}{\text{总测量次数}} \times 100\% \qquad (3-5)$$

计算结果表明，在仅考虑潮流作用的情况下，本海域15个测站底质的平均活动性时间<81%，在空间分布上有较大差异(表3.10)。小潮时段活动性时间稍短，有的站位如14♯、15♯在整个小潮周期内海底沉积物均不起动。大潮时段活动性时间稍长，除6♯、12♯、14♯与15♯站位外，其他站位的活动性在50%~81%。如果考虑浪、流共同作用的影响，底质的活动性时间可能更大，尤其在0~5 m水深的浅水海域。

表3.10 曹妃甸海域水文观测点海底泥沙活动性时间

站号	中值粒径 (mm)	水深 (m)	U_{100CR} (cm/s)	活动性时间 小潮	活动性时间 大潮	活动性时间 平均
1♯	0.013	11.7	17.8	63.33%	81.3%	72.3%
2♯	0.012	19.4	17.4	44.44%	68.8%	56.6%
3♯	0.015	12.4	18.5	54.29%	75.0%	64.6%
4♯	0.015	10.4	18.6	50.00%	83.3%	66.7%
5♯	0.009	17.4	16.1	48.28%	80.0%	64.1%
6♯	0.325	29.5	45.4	14.81%	48.5%	31.6%
7♯	0.205	38.5	39.7	20.69%	50.0%	35.3%
8♯	0.008	28.7	15.4	48.57%	75.0%	61.8%
9♯	0.019	4.9	19.9	64.86%	97.5%	81.2%
10♯	0.028	15.7	22.4	50.00%	71.9%	60.9%
11♯	0.228	7.0	41.0	35.14%	61.8%	48.4%
12♯	0.253	27.4	42.2	27.59%	38.7%	33.1%
13♯	0.068	7.1	28.8	37.50%	56.3%	46.9%
14♯	0.237	7.0	41.4	0.00%	25.8%	12.9%
15♯	0.455	18.0	50.0	0.00%	11.4%	5.7%

活动层厚度是指参与运动的表层沉积物垂向尺度。在小时间尺度、无沙波的情况下，活动层厚度是水深、破碎波高和沉积物粒径的函数，量级约在 10^1 mm；如果存在大波痕或沙波的运动，实际活动层的厚度就相当于沙波的高度，达到 10^2 mm 的量级。

在较大的时空尺度下，活动层的物理意义也包含着沉积物垂向扩散的范围，风暴潮等极端天气过程对海底沉积物的扰动混合，也会扩大活动层厚度的数值。冲淤状况的季节性变化所对应的沉积物活动层厚度(D_T)可表示为：

$$D_T = D_L + \text{MIN}(D_{ac}, |D_{cr}|) \tag{3-6}$$

式中：MIN 函数表示在两者之中取较小者；D_{ac} 和 D_{cr} 分别是海底在一年中的累积淤积量(取正值)和冲刷量(取负值)；D_L 是推移质处于运动状态时的瞬时活动层厚度。累积淤积量和冲刷量根据堆积/侵蚀速率计算，D_L 的大小通常为其若干颗沉积物的粒径之和。

由于缺乏沙波形态、运动的信息，仅能依据已有数据资料来估计假定无沙波下的底床活动性情况。根据再悬浮通量的计算结果，在潮周期尺度内，曹妃甸海区的底床活动层厚度在 1～2 cm；在一年的尺度内，如考虑波浪及推移质输运等的情况下，本区底床活动层厚度略大，估计在 1～100 cm 量级。

3.4.4 港口开发稳定性分析

工程海区未开发前，曹妃甸岛原为 NE—SW 向的带状沙岛，距岸约 19 km，岛体长约 8 km，宽 400～700 m(图 3.32a)。曹妃甸岛西北侧与大陆岸线之间分布有大片浅滩，平均水深约 1.5 m，高潮时滩面被水淹没，低潮时部分出露水面。自 2004 年 5 月曹妃甸港区通岛路工程建成通车以来，港区开发建设迅猛发展。截止到目前，港区围海造地面积已经超过 200 km^2，一港池和二港池基本建成，三港池正在建设当中(图 3.32d)；同时还包括已建成的矿石码头一期、煤码头起步工程、原油码头、杂货码头等在内的泊位 40 多个。

截止到目前，随着曹妃甸港区开发工程的逐步实施建设，大片浅滩被开发围填，本海区的岸滩形势发生了较大变化，其中甸头前沿深槽的冲淤演变与稳定性变化趋势一直是最引人关注的问题。2004—2009 年期间观测结果表明，曹妃甸港区开发过程中，曹妃甸深槽的平面位置没有出现明显摆动，海床冲淤变化幅度也较小，冲淤幅度多在 1 m 以内，且受周边工程建设影响较大。甸头前沿深槽实测最大水深 2006 年为 41.6 m，2009 年为 41.8 m。由此可知，曹妃甸港区开发过程中，甸头前沿深槽的稳定性良好。这也说明曹妃甸深槽在长期的海洋动力作用下，边界条件与动力条件已基本适应，因此海床整体上处于基本稳定状态。

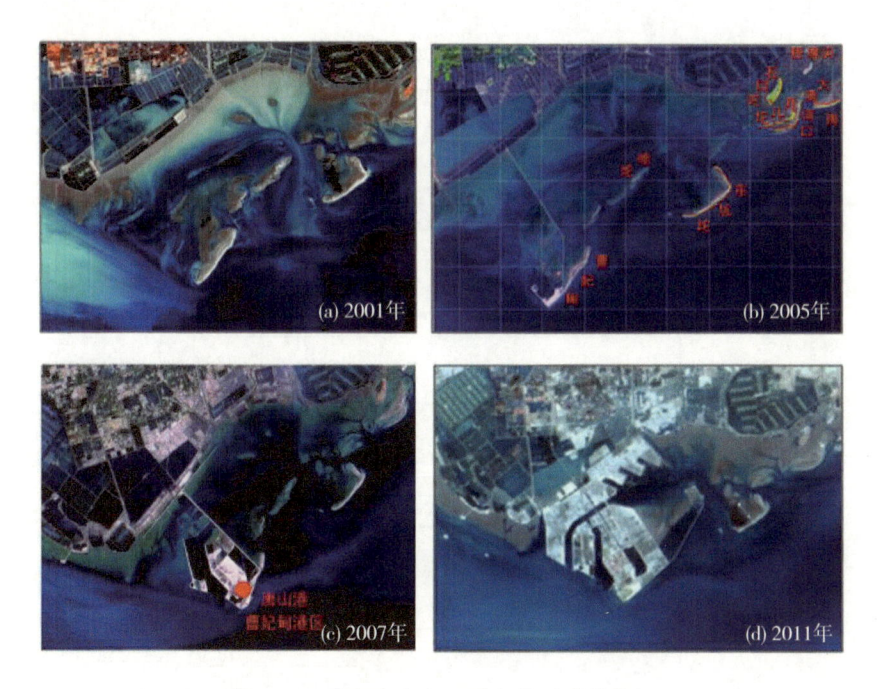

图 3.32　曹妃甸海区不同年代遥感影像图

为了监控曹妃甸港区东侧海区海床冲淤变化，2012 年 10 月进行了 10 个固定断面的水下地形测量，断面布置如图 3.33 所示。图 3.34 给出了各个海

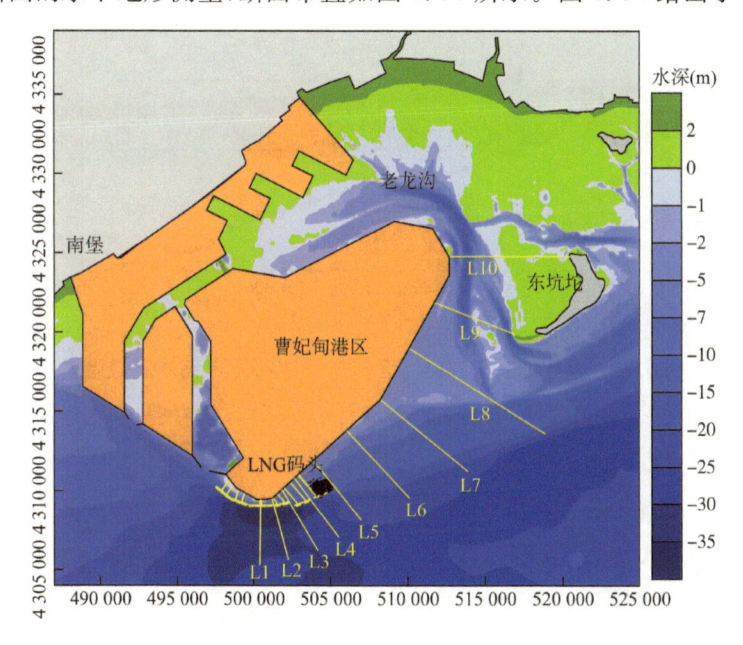

图 3.33　曹妃甸港区东侧海区 2012 年 10 月地形测量断面位置图

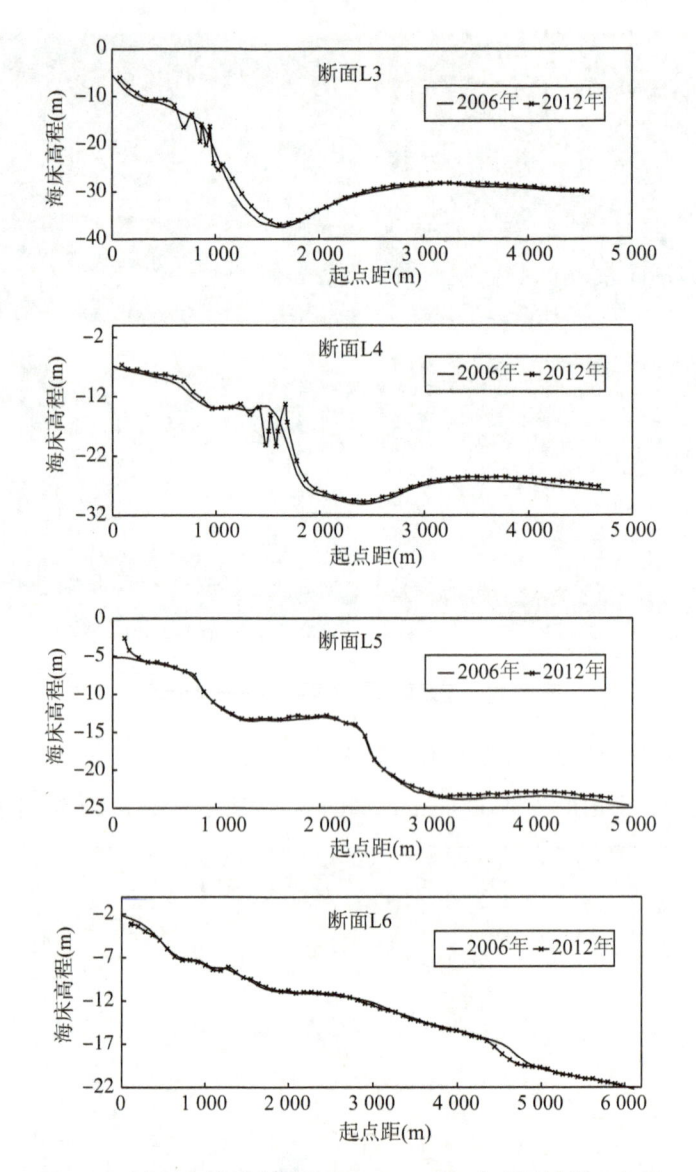

图 3.34 曹妃甸港区东侧海区 2006—2012 年断面冲淤变化图

床断面 2006—2012 年的冲淤变化。分析结果表明，随着曹妃甸港区开发工程的逐步实施，除个别断面上因人工海床采沙引起局部海床大幅下切外，曹妃甸东侧海区整体上冲淤变化幅度较小，2006 年和 2012 年地形断面吻合较好，滩槽冲淤演变没有发生明显的变化，滩槽稳定性良好。

第四章
港口开发方案研究

港口总体规划主要是针对适宜建设港口的岸线、海域资源,进行科学、合理的空间布置规划。针对新开发的港口岸段,应开展一系列建港条件研究论证工作。包括前期的水文、泥沙测量,波浪观测,水下地形测量等外业勘测,以及岸滩演变及建港稳定性分析,数模、物模方案优化论证等多项专题论证工作。前述两章主要针对唐山港曹妃甸港区港口建设的整体海域环境、动力环境及建港稳定性进行了系统阐述,本章将针对具体的港口建设方案的制定及数模、物模互动优化进行系统阐述。

4.1 建港可能性分析

曹妃甸海区海岸地貌体系是古滦河废弃三角洲在波浪和潮流动力作用下的改造产物。在海岸体系的形成过程中,曹妃甸近岸海区先后经历了潮汐动力控制的浅海沉积环境、径流与波浪动力作用的三角洲快速淤展环境、波浪与潮流动力作用的沙坝蚀退环境等3个主要动力沉积环境演变阶段。曹妃甸前沿潮流通道深槽的发育有着一定的地质构造基础,沙岛形成的岬角地貌构成了通道深槽的边界条件,由此引起的局部潮流增大则成为深槽形成的动力条件。老龙沟潮汐通道由于狭窄口门的束水作用,引起流速增大并造成深槽冲刷,是维持深槽水深的主要动力。由于形成发育年代较长,曹妃甸、东坑坨等离岸沙坝基础深厚,已形成稳定的沙质岛屿,加之通道深槽内泥沙淤积速率较小,因此长期以来滩槽形势基本稳定。

由于沿岸泥沙供给不足,本海区东坑坨等沙坝外缘近岸浅滩与深水区总体上呈轻微冲刷态势,等深线具有向岸平移的倾向。老龙沟潮汐通道深槽内基本上呈冲刷趋势，深槽内冲刷下来的泥沙主要落淤在口门拦门沙地区。老龙沟西支口门深槽的变化还与东坑坨沙岛的演变有着直接的关系。东坑坨沙岛东北侧"顶部"冲刷下来的泥沙部分被沿岸流携带淤积在西南"尾部"区，对老龙沟口门深槽形成压迫之势，导致口门深槽出现向西迁移变化的趋势。由于年内平均冲淤幅度较小，老龙沟附近海区的滩槽整体稳定性较好。

滩槽演变分析结合数学模型试验研究表明，曹妃甸港区具备大规模建设开发条件。

4.2　资源利用基本原则

基于动力地貌特征与滩槽稳定性分析研究，确定遵循资源最大化利用的曹妃甸港区开发基本原则如下：

（1）根据曹妃甸深槽形成机制，岬角地貌是构成甸南深槽的基本原因，岸线规划应以维护岬角地貌为原则；从深槽形成机制看，浅滩围涂加高和潮沟开发应不会影响甸南深槽的稳定性；港区岸线围涂应符合水沙运移、岸线演变自然规律的因势利导原则，港区岸线外围可顺应现有的离岸沙坝群的外围和走势。

（2）曹妃甸以东是滦河三角洲在不同时期形成的沙坝-潟湖体系，曹妃甸以东岸线规划和滩涂围垦范围应以离岸沙坝外缘作为参照界，尽量遵循因势利导的原则。

（3）曹妃甸北侧潮沟性质是原潟湖型潮汐通道，是内港开发的优良水域资源，其中纳潮量的维持是关键，甸北浅滩具有良好的围涂条件，对缓解港口开发土地资源缺乏有重要意义，但围涂的负面效应是会减少潮汐通道的纳潮水域进而影响水道水深的维持，因此在港口开发中可通过论证寻求纳潮维持与浅滩围涂两者资源开发效益最大化的平衡点。

（4）曹妃甸西侧岸线属"岬湾泥质海岸"的遮蔽带，是波浪受掩护较好岸段和内港池布设的较好水域，但应注意来沙特性和浅滩波浪掀沙对港区泥沙回淤的影响。

（5）曹妃甸以西南堡一带属"岬湾泥质海岸"的遮蔽带，波浪受到掩护、泥沙来源少，为近期岸线和新港区较好的开发地带，但近年相关实测资料表明，天津港疏浚弃土对周边环境产生一定影响，因此应密切关注港区泥沙回淤问题。

（6）鉴于曹妃甸工程海岸长期处于轻微冲刷状态，前文的分析表明，虽不会影响整体上的建港条件，但在工程规划中也应考虑这一效应以及可行的对策和措施。

4.3　港口开发方案论证

曹妃甸港区平面方案研究工作的核心在于在国家大的产业布局调整和腹地经济发展对港口运输的需求下，如何最大限度地发挥曹妃甸港区天然资源优势，保证滩槽相间的地貌环境的整体稳定。随着经济发展对水运建设的需求不断增加，在当前众多港区水、陆域发展空间不足的情况下，新港区规划期间，充分利用自然条件最大限度地形成港口岸线资源和后方陆域资源从而保证港区建设的可持续发展，是现代化港区平面布置方案中需要考虑的重要内容。

港区规划始终将充分依托天然深槽形成稳定的港区水域和依托浅滩形成充足的后方陆域从而最大限度地形成港区岸线资源和陆域资源作为基本出发点，综合考虑经济发展对港口运输的需求，结合水陆域特点进行港区的总体布局规划。

曹妃甸港区具备得天独厚的港口资源，腹地各类产业类型齐全，以冶金、石化为代表的重化产业发达。曹妃甸港区作为新型现代化港区，港口的需求中，除了腹地产业发展、国家能源大通道对货物运输的需求，调整产业结构、优化产业布局也对港区的规划建设提出更高要求。因此，曹妃甸港区的规划突破了港口原有的单纯服务运输需求的功能，更多地向对资源进行整体评价、驱动区域经济发展的理念转变，通过港口资源构建物流平台，优化产业布局和生产力布局，满足国家对曹妃甸循环经济示范区的发展定位，将曹妃甸港区打造成为拉动区域社会经济发展的新引擎。

在具体平面布局方案的制定过程中，首先需要考虑的是如何保证该海域地貌环境的整体稳定，保证甸头区域深水资源不被破坏，保证维系甸头深槽的整体水沙动力环境的稳定。因此本项研究开展了一系列系统的水文、地质、地貌勘测工作，为后续专题研究及平面方案制定提供基础技术资料。通过勘测成果分析，对该区域自然环境特点加以总结，把握整体的地貌地形规律，明确影响港口规划建设的关键性技术问题，并在此基础上结合国家产业布局、腹地社会经济发展对港口运输的需求，制定港区平面布置方案，最大限度地利用好港口岸线资源。为对港区方案进行优化，预测港区形成后水沙环境、地形地貌的改变，通过最新的模型实验手段对方案进行模拟计算，逐步优化、调整并最终确定港区布局方案。

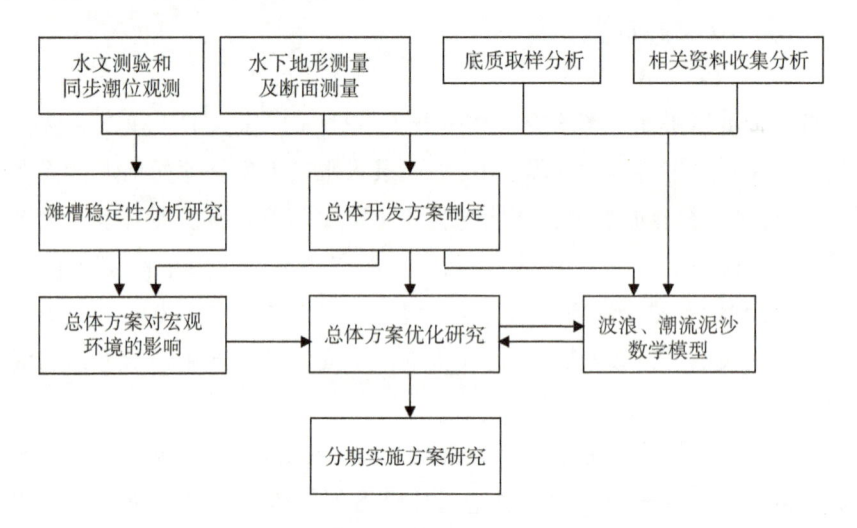

图 4.1　总体平面布置方案制定思路框图

4.3.1　港口平面布置方案制定

1. 方案总体设想

（1）总体方案布置应当遵循该区域水沙运动规律，尽量少改变现有滩槽相间的地貌环境，按照顺流减淤的原则，依照水下地形合理制定总体布置方案。

（2）曹妃甸甸头区域的深水岸线是曹妃甸港区和临港工业区目前和未来发展的核心资源，应特别注意近期开发的合理利用和远期发展的有效保护。

（3）甸头西侧区域滩槽稳定对人工工程引起变化的敏感程度较低，为有效增加港口岸线，拟在该区域人工开挖形成两个平行的挖入式港池（一、二港池）。

（4）曹妃甸甸头东侧向东北方向延伸围填至蛤坨，为保持一定的纳潮量，扩大港口可用岸线，后方接老龙沟潮汐通道形成较为宽阔的挖入式港池（第三港池），并在其北侧布置突堤式码头岸线。

（5）从减缓甸头流速、提高港池内水体交换能力、改善整体环境质量等几个方面考虑,研究决定采用纳潮河将东西两翼港池沟通。

2. 初步方案制定

制定科学、合理的总体建设方案是研究工作的核心内容。在大量前期勘测工作和深入分析自然环境的基础上,研究工作制定了基本方案,并通过数学模型试验,重点监测甸头区域、甸头西翼次深槽区域、老龙沟区域、东侧浅滩区域流场变化,层层深入对方案进行了逐步的优化研究,各阶段方案研究及其演变过程见图4.2。

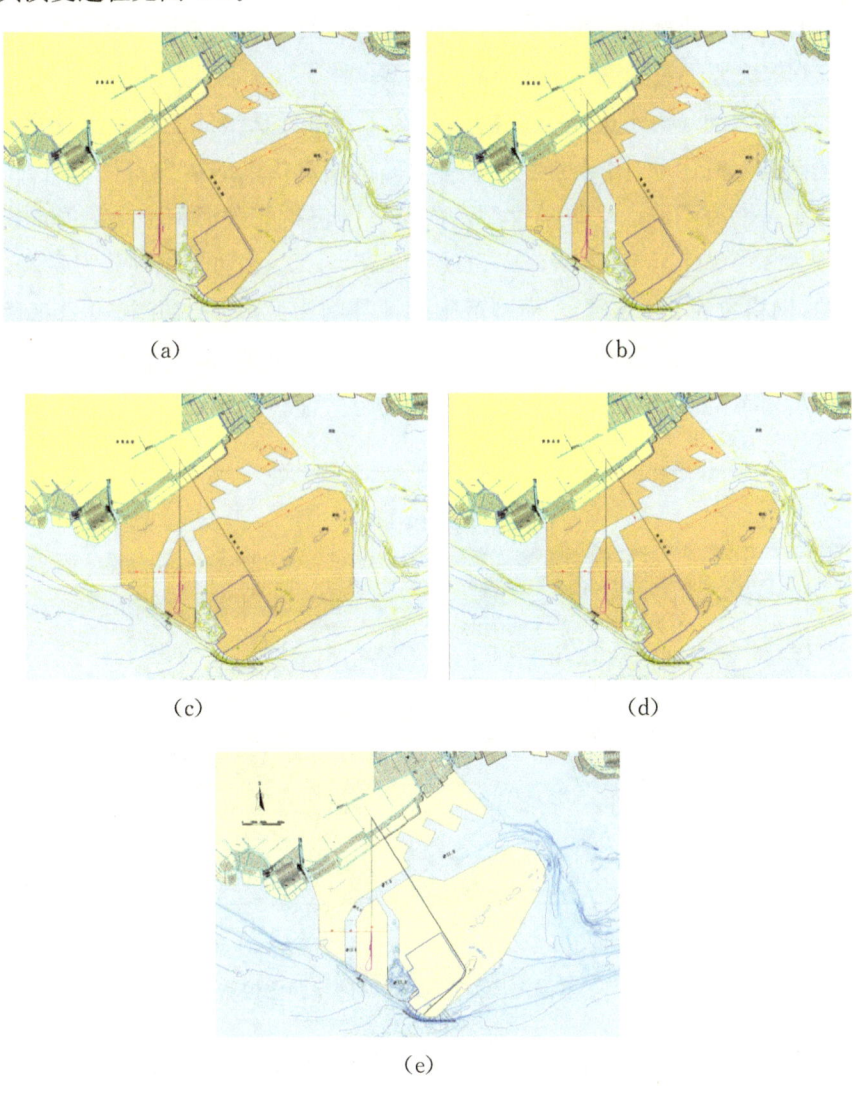

(a)

(b)

(c)

(d)

(e)

图 4.2 曹妃甸港区各阶段方案示意图

4.3.2 研究方法

在对曹妃甸海域宏观地貌环境充分认识的基础上,初步制定了布置方案,并通过模型实验手段加以优化调整。所采用的数学模型实验和物理模型实验研究思路清晰,技术路线先进,在总结以往资料和研究成果的基础上,对泥沙运动特性和底沙启动、输移规律等方面进行了研究,并通过模型实验的方式对研究成果加以反映,应用到工程方案的优化调整上。

1. 波浪、潮流共同作用下二维泥沙数学模型

(1) 大范围黄渤海二维潮流数学模型

潮波运动是海水运动的基本形式,为了更好地从整体上认识工程所在海域复杂的水流运动,同时也为局部模型提供相对精确的边界条件,本次工作建立了黄渤海潮波运动数学模型。模型范围包括北黄海和整个渤海。模型范围为36°10′N 至40°54′N,117°36′E 至126°44′E。模型区域剖分为 $2'\times2'$ 的网格,网格数为 275×143。模型范围及计算网格见图4.3,并利用2006 年3月19日—20日及2006 年3月25日—26日大、小潮期间6 个测站的实测水位资料对黄渤海平面二维潮流数学模型进行验证。

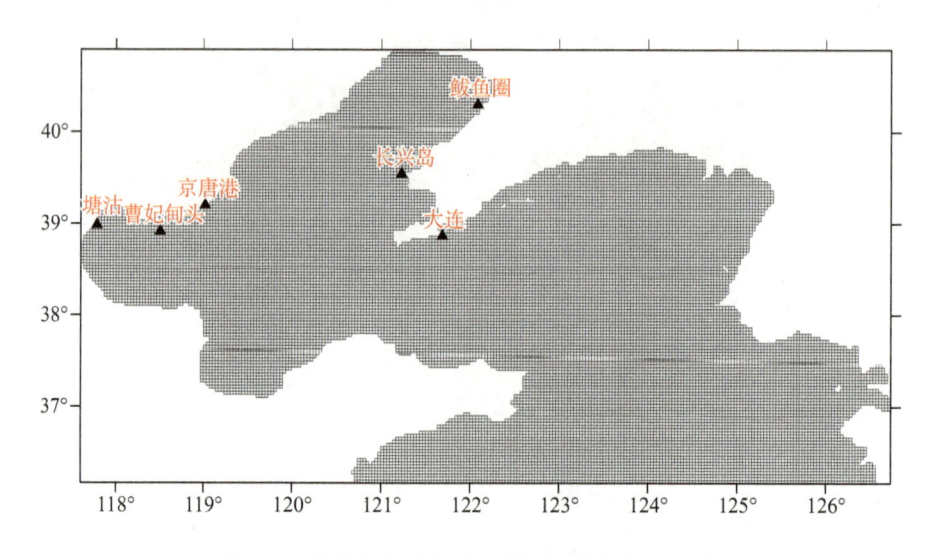

图4.3 黄渤海模型范围、计算网格和潮位验证点

当黄海的前进潮波向北运动,遇到辽东半岛和朝鲜西海岸边界的阻挡后,一部分反射折回,与前进潮波进行干涉形成北黄海的潮波运动,一部分则

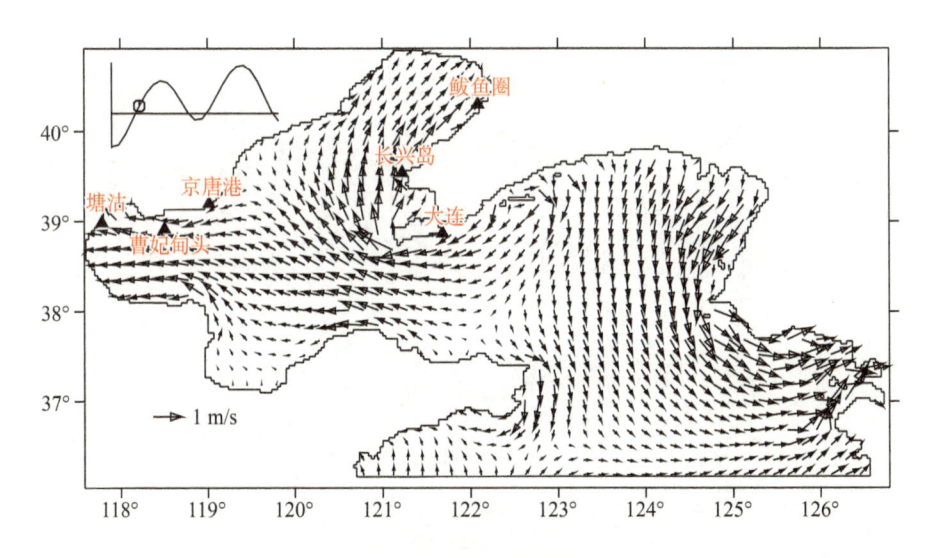

图 4.4 黄渤海大范围流态图

沿着辽东半岛向西进入渤海海峡,形成渤海内的潮汐振动。从流态图(图4.4)中可以看出通过渤海海峡的潮流分成南、西、北三支水流,分别进入莱州湾、渤海湾和辽东湾,形成各个海域的涨潮流。其中莱州湾湾顶较浅,水流明显弱于另外两支水流;而进入渤海湾和辽东湾的水流大致在京唐港偏北的位置分流,使得该海域水流强度明显偏小。工程海域的涨潮流主要由进入渤海湾的水流形成,受边界约束,基本朝向正西。落潮时则相反,三支水流在渤海汇合后退出渤海海峡,又与北黄海的潮流进行汇合。从图中还可以看出,由于计算范围较大,不同海域的涨、落潮时相差很大,例如北黄海在涨潮过程中时,渤海内正处于落潮阶段,这种相位差实际上体现了潮波运动的时间过程。

(2) 波浪与潮流共同作用下二维泥沙数学模型

河口海岸地区波浪与潮流是引起泥沙输移的主要动力因素。虽然有些河口海岸以波浪作用为主,有些以潮流作用为主,但对大多数河口海岸而言,波浪和潮流的共同作用是泥沙运动和岸滩演变的主要动力。一般情况下河口海岸泥沙运动机理为波浪掀沙、潮流输沙。将波浪过程概化为潮周期中具有平均意义的波浪流要素,叠加到潮流运动方程中,以计算长时段的水流运动及泥沙场的变化。

黄渤海大模型初步验证后,可为局部模型提供潮位边界条件。局部模型的东边界定在京唐港,东西向距离曹妃甸甸头约43.5 km,西边界定在涧河

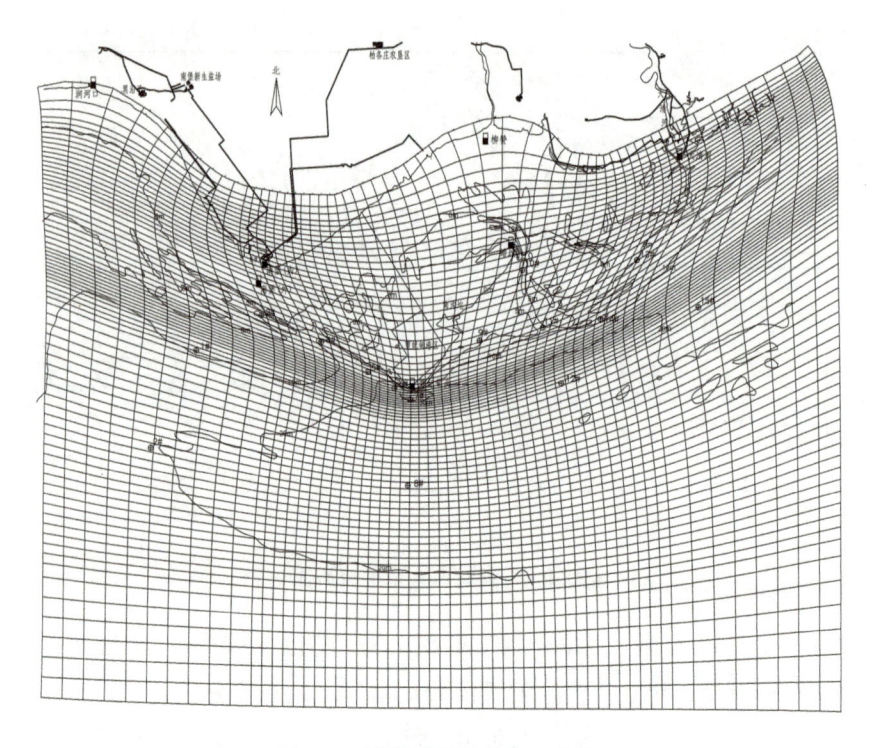

图 4.4　计算域网格分布示意图

口,东西向距离甸头约 43.0 km,海域外边界取在甸头以南约 30 km,水域总覆盖面积约 5 000 km²。本次计算采用 2006 年 3 月实测地形图。沿潮流方向布置 291 个网格,与潮流方向基本垂直的方向布置 375 个网格点,对曹妃甸水沙测验地区进行了网格局部加密处理。经正交曲线计算,形成如图 4.4 所示的正交曲线网格。由图可见,除岸边个别点外,网格交角为 89~92⁰。整个模型计算区域包括 291×375 个网格点,网格间距为 50~500 m。采用 2006 年 3 月和 7 月进行的曹妃甸海域水文泥沙测验结果对模型潮位、水流、含沙量情况进行验证。

该海域涨潮时,水体基本呈自东向西运动,随着潮位的升高涨潮水体首先充填曹妃甸浅滩东侧的众多潮沟,随后浅滩北侧部分淹没,与此同时潮流绕过甸头进入西侧潮沟(在曹妃甸连岛大堤建成之前,东、西两侧潮沟内的涨潮流在大堤附近汇合)。由于受到甸头及其北侧大片浅滩滩面阻力的影响,加之滩面水深较浅,致使滩面过流的流速较弱。落潮时,水体基本呈自西向东运动,随着潮位的降低,浅滩高处出露,滩面上的水体逐渐归槽,浅滩两侧潮沟内的水体也逐渐汇入甸头两侧的深槽水域,其中甸头西侧滩面的落潮归槽水流与外海深槽的落潮水流汇合,并绕过甸头与东侧潮沟的落潮水流汇合。甸头具有较明显的岬角效应,涨、落潮水流在该范围水域受地形影响较大,水流呈现明显的往复流性质,且流向集中,流速较大。计算可以反映随着水位的升降,边滩逐步淹没及出露的情况以及不规则岸边所引起的局部流态(图4.5、图4.6)。

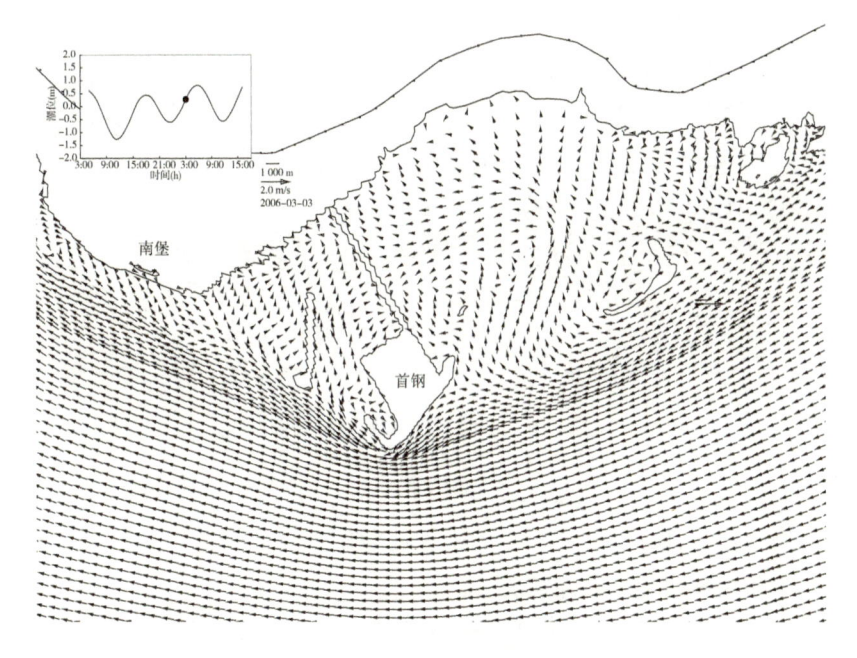

图 4.5 曹妃甸海域涨急流场图

2. 超大变率潮流泥沙物理模型

对于河口海岸地区,研究水域的平面几何尺寸和水深尺寸相比往往相差较大,且受限于试验场地条件,进行正态或小变率模型几乎是不现实的。从理论上来讲,变态模型并不完全满足相似理论的要求,在流场和泥沙运动方面均会产生不同程度的误差。窦希萍等的系列变率模型试验研究表明,在潮流和波浪共同作用下,当变率小于6时对泥沙冲淤影响不大。目前国内外的河口海岸物理模型采用的变率多在6～8,变率大于10的物理模型相对较少。但对于曹妃甸海区港区开发工程而言,由于围填滩涂规模巨大,为了使模型边界不影响工程海区,模拟水域面积将超过5 000 km²,且限于试验场地条件,

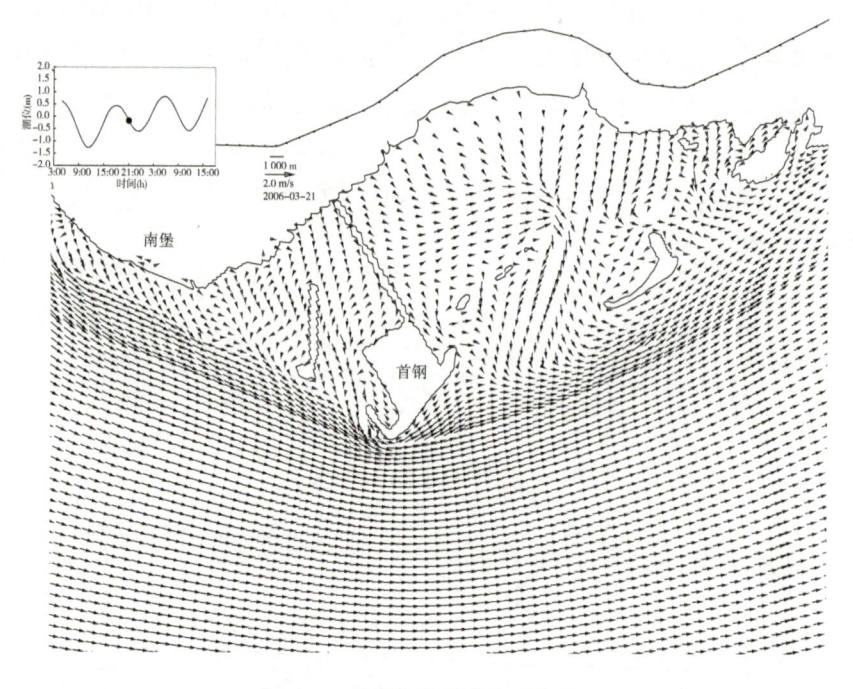

图 4.6　曹妃甸海域落急流场图

因此曹妃甸海区需要建成超大变率物理模型。考虑到物理模型变率对试验结果有一定影响,因此,如何根据试验场地确定合适的模型变率,成为物理模型试验中需要探讨的重要问题之一。

为了较好地分析接岸大堤工程建设后对附近水域水流形态的影响,确定模型应能容纳曹妃甸港码头南北各 25 km 左右范围,且本海区潮汐水流主要呈东西向往复流,东西范围取 100 km 左右。根据当时试验场地条件,模型采用水平比尺 $\lambda_l=2\,000$,即模型范围为 25 m×50 m,模型布置情况见图 4.7。

工程海区分布有大面积的浅水潮滩,平均水深 1.5 m 左右,高潮时大部分滩面被水淹没,低潮时出露水面,其中大清河口、南堡和曹妃甸之间 0 m 以上的浅滩水域面积约 260 km²,平均水深仅在 1.5 m 左右。由于模型范围内含有大面积水深很小的浅滩,因此为了保证模型内浅滩面上水深不小于 1.5 cm,选用垂直比尺 $\lambda_h=100$,即物理模型变率 NF=20。根据物理模型的水平和垂直基本比尺,计算求得速度比尺 $\lambda_v=\lambda_h^{1/2}=10$,时间比尺 $\lambda_t=\lambda_l/\lambda_v=200$。

由模型相似理论和多年物模试验经验可知,变率较大模型会给试验工作带来较大困难,特别是在岸滩边坡处,为保证流态相似,要求具有较大糙率。

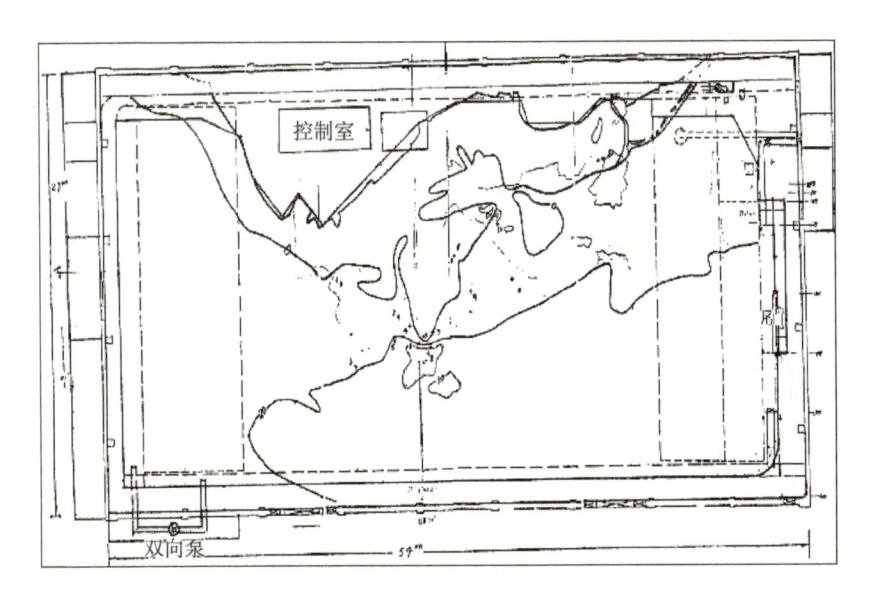

图 4.7　曹妃甸港区潮汐水流整体模型布置图

一般天然条件下床面糙率 $n_p=0.015$ 左右。由相似理论，糙率比尺 $\lambda_n = \lambda_h^{2/3}\lambda_l^{-1/2}=0.482$，即要求模型中床面糙率为 $n_m=n_p/\lambda_n=0.0311$。由于一般模型中混凝土床面糙率为 $0.012\sim0.013$，为保证滩面上阻力相似，需要加糙。

曹妃甸海域浅滩和深槽相间，在如此大变率条件下滩槽水流模拟难度大，模型通过对多种加糙方法比选后确定采用 1 cm 直径石子的加糙方法，最终保证了滩槽水流运动的相似。由于模型边界靠近无潮点，首次使用一侧边界采用双向泵流量控制，另一侧边界采用翻板尾门潮位控制的生潮方法；通过反复调整边界处潮汐水流条件，双向泵流量过程和各双向泵分流比，边界处导流板（墙）位置，以及床面糙率来满足各验证点流态相似。采用 2006 年 3 月和 7 月两次大、小潮同步水文测验结果验证表明，潮位、流速、流向过程的实测值和模型值吻合较好，且老龙沟口门外旋转流也得到更好的模拟。

4.3.3　方案优化

1. 平面布置方案

根据数学模型和物理模型对多组方案进行比选和优化论证，综合考虑各区域流场和冲淤变化情况，形成了港区开发总平面布置推荐方案，即最终的曹妃甸港区规划方案（图 4.8）。该方案甸头保持岬角形态，利用甸头前沿深

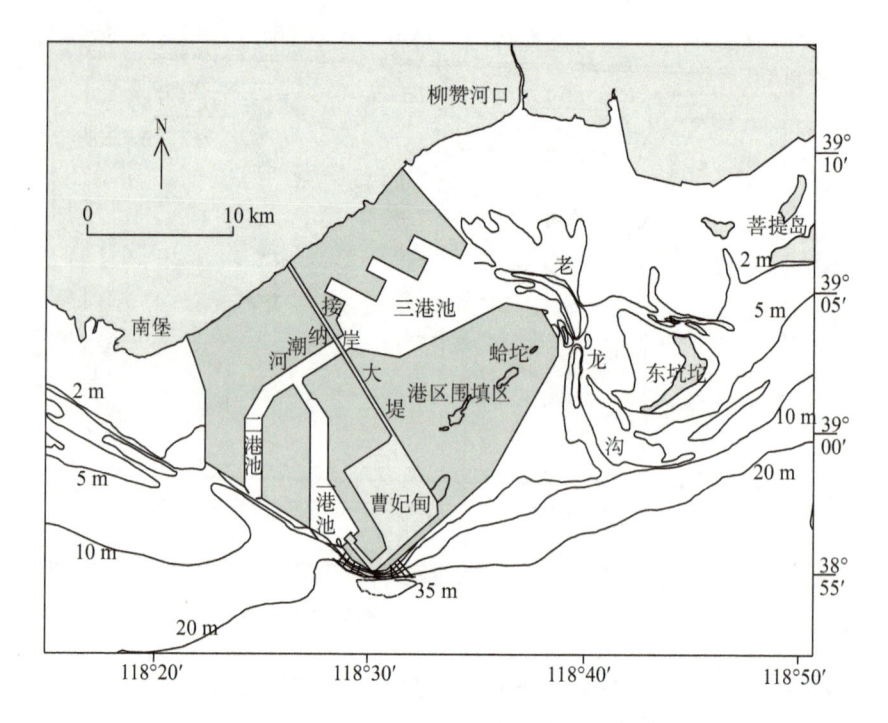

图 4.8 曹妃甸港区开发推荐方案布置图

槽建设 20 万吨级以上码头；在甸头西侧沿南堡次深槽北侧布置岸线，在二龙沟及其西侧北向形成两个挖入式港池，口门设置在深水区范围内，既可增加一定的纳潮量，又能扩大港区可用岸线。甸头东侧围垦线为凸岸形式，从甸头沿 5 m 等深线向东北方向延伸，在水流分汇点处偏上延伸至蛤坨，与老龙沟西侧岸壁相连，在其后方辐射水域形成三港池。为维持老龙沟潮汐动力，三港池保持原来 4 km 宽水域面积作为纳潮区，在其北侧形成突堤式港池，在不影响纳潮量的情况下修改三港池形态，使得涨落潮水流更为顺畅。三港池通过东西向纳潮河与西侧两个港池相连接，使两翼港池连通以利于水体交换，整体上形成前岛后陆的布置格局。纳潮河宽度与深度的变化对甸头流速影响微小，对老龙沟流速略有影响。经多组方案优化后，确定其宽度为 1 000 m、水深 7 m。

2. 方案数模计算流场情况

图 4.9 和图 4.10 分别给出了曹妃甸港区规划方案实施后的涨、落急流场图。如图所示，由于港区围填主要位于浅滩区，因此与 2006 年现状相比，本海区潮流场的整体态势没有明显变化；但由于纳潮河的贯通，使得甸头东、西两

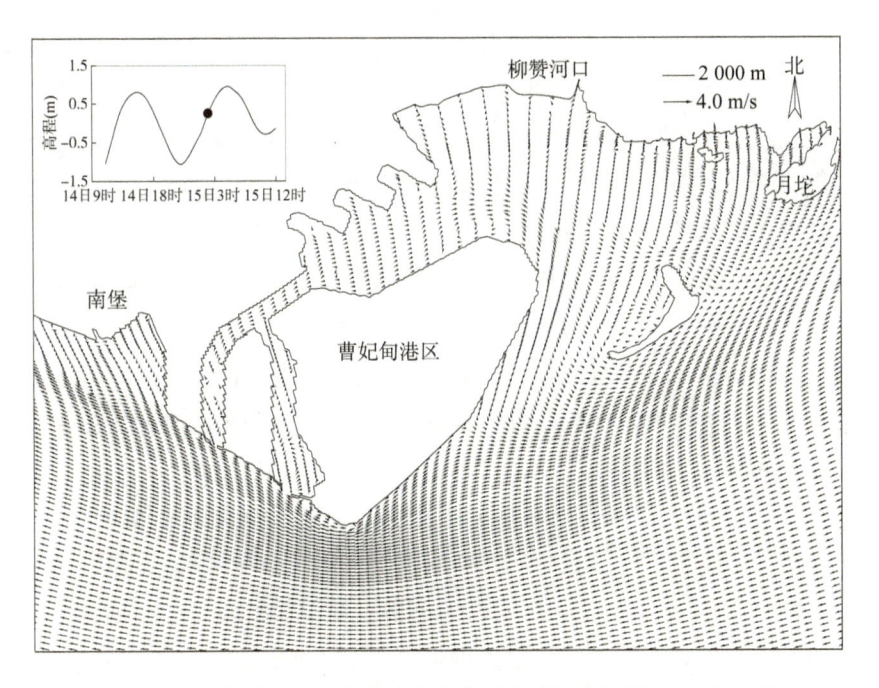

图 4.9　曹妃甸港区平面布置方案实施后的涨急流场图(2006 年 1 月)

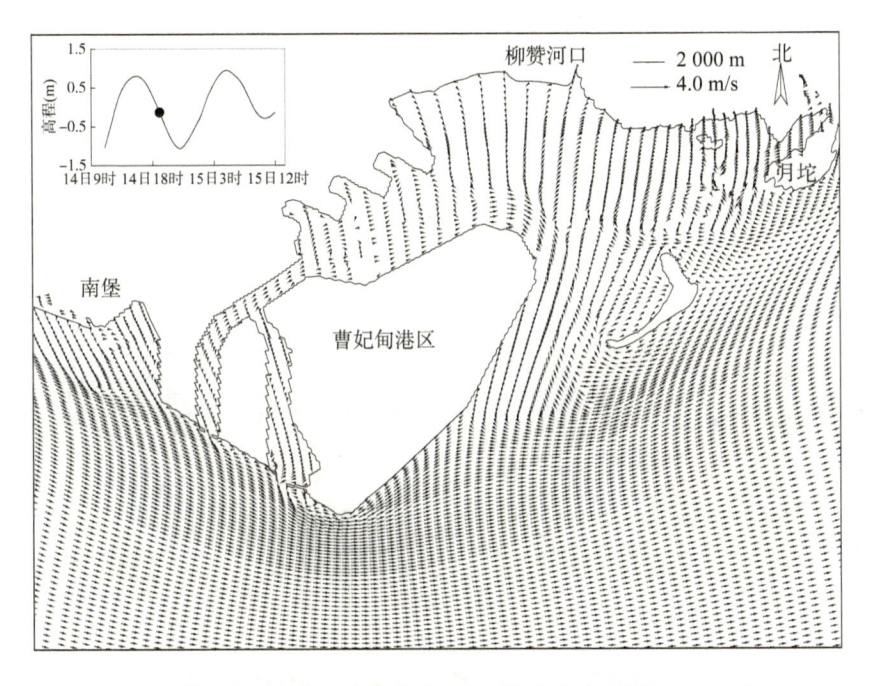

图 4.10　曹妃甸港区平面布置方案实施后的落急流场图(2006 年 7 月)

侧在涨潮和落潮时均存在一定的水体交换。甸头东侧围填线为凸岸形式,老龙沟口门浅滩水域被缩窄,因此涨、落潮流的往复流特征更加明显;原潟湖湾内(现三港池)涨、落潮流态势也基本不变,仍以往复流运动为主,但因港区围填使得纳潮量大幅减少,因此流速也相应有所减小。港区规划方案实施后,涨潮时当潮流绕过甸头后,由于一港池和二港池口门处有拦沙堤的存在,因此只有小部分潮流进入港池内,与港区围填前相比水流明显偏弱,且在一港池拦沙堤后存在明显的回流现象。落潮时一港池和二港池由于拦沙堤的存在,向口外深槽汇流的作用也有所减弱。可见,涨、落潮时,甸西一港池和二港池与口外深槽的水体交换有明显的减弱,因此港池外侧深槽的水流更加归顺,往复流特征也更加明显。

图 4.11 给出了港区规划方案实施后的涨、落潮平均流速等值线变化。港区规划方案实施后,对各局部区域的水动力影响有所不同:甸头深槽区域流速有所增加,涨潮平均流速增加 0.9%,落潮平均流速增加 5.7%,涨潮流速最大增加了 0.072 m/s,落潮流速最大增加了 0.070 m/s;甸头前 1.5 km 处涨潮平均流速增加 2.4%,落潮平均流速增加 1.1%;甸头前 3.0 km 处涨潮平均流速增加 2.1%,落潮流速增加 2.5%。流速略有增加有利于维护甸头深槽水深。南堡岸外冲刷槽区域,港区规划方案实施后流速略有加大,涨潮流速增加了 0.008~0.041 m/s,涨潮平均流速增加 2.2%,落潮流速增加了 0.011~0.067 m/s,落潮平均流速增加 4.1%,水流更加归顺,往复流特征更加明显,有利于维护深槽水深。大面积的围填,使得甸头东侧前沿涨潮流速有所减小,甸头东侧浅滩区流速有所减小,涨潮流流速减小了 0.021~0.298 m/s,落

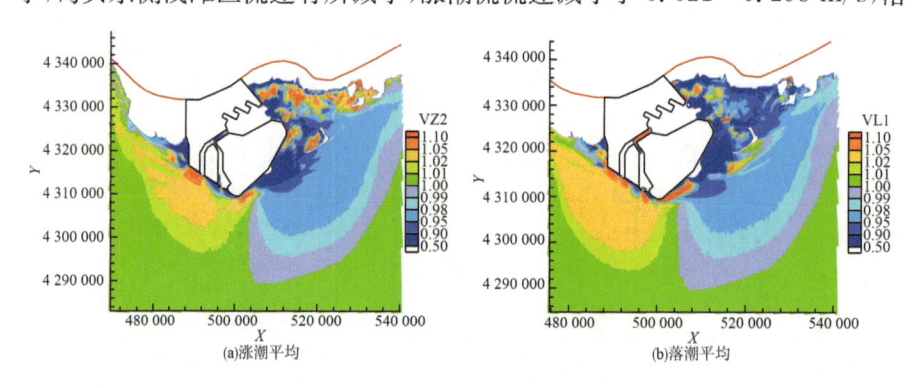

图 4.11 平面布置方案实施后涨落潮平均流速变化等值线图

潮流流速减小了 0.022～0.369 m/s。由于浅滩区纳潮量的减小，老龙沟潮汐通道深槽流速有所减小，涨潮平均流速减少 11.9%(0.01～0.10 m/s)，落潮平均流速减少 18.4%(0.02～0.21 m/s)。老龙沟深槽流速减小的变化有利于通航安全但不利于水深维护。

虽然港区规划方案围填面积约 310 km²，但因工程前滩面水深不足 1 m，平均流速小于 0.1 m/s，围填所占的过水断面面积仅为 0.3%～1.7%，减小的潮棱体与工程前比很小，故港区开发对周边水动力环境影响的范围及程度较小。甸头南侧及西侧 5 km 以外、东侧 10 km 以外，流速变幅降至 2.0% 以下，为 0.01～0.02 m/s。因此，港区规划方案实施也不会对周边数十公里以外的天津港、京唐港区产生影响。综上所述，曹妃甸港区规划方案在没有破坏整体滩槽地貌结构的基础上，很好地遵循了本海区的水沙运移趋势，利用了潮汐通道系统的深槽和浅滩。由于港区规划方案实施后基本没有影响到通道深槽的动力形成机制，未来深槽可以继续保持相对稳定态势。

3. 方案数模冲淤强度计算

根据本海区泥沙运动特点及风况条件，规划方案海床冲淤与港池航道的回淤预测包括正常条件下的回淤和大风天骤淤。

(1) 正常条件下的回淤

在海床验证的基础上，采用多年平均波浪和大、中潮组合进行了规划推荐方案的冲淤强度计算。根据波浪资料分析，曹妃甸海域常浪向为 SE 向偏东 6°和 SW 向偏西 5°，频率分别为 47.4%、27.6%。方案实施后，曹妃甸港区大面积围垦阻挡了波浪向曹妃甸浅滩的传播，波浪主要分布在外海区域，与工程实施前相比，港区中的含沙量大幅减小，外海含沙量则变化不大。

图 4.12 给出了规划推荐方案实施后年冲淤强度分布图。由图可见，方案实施后，甸头前沿深槽年冲深 0.15～0.48 m，西侧前沿冲深 0.09～0.27 m，东侧前沿冲深 0.00～0.20 m，甸头前 1.5～3.0 km 处冲深 0.10～0.21 m。一港池年回淤 0.35～1.31 m，淤积部位主要位于靠近口门的回流区域；二港池年回淤 0.02～0.99 m，口门附近淤积较多；纳潮河基本没有冲淤变化；三港池年回淤 0.03～0.64 m，主要淤积部位为靠近老龙沟的一侧区域。预计方案实施两到三年后工程引起的甸头前沿海床冲淤基本达到平衡状态，其中甸头前沿将冲深 0.3～1.1 m，最大冲深约 2.1 m。

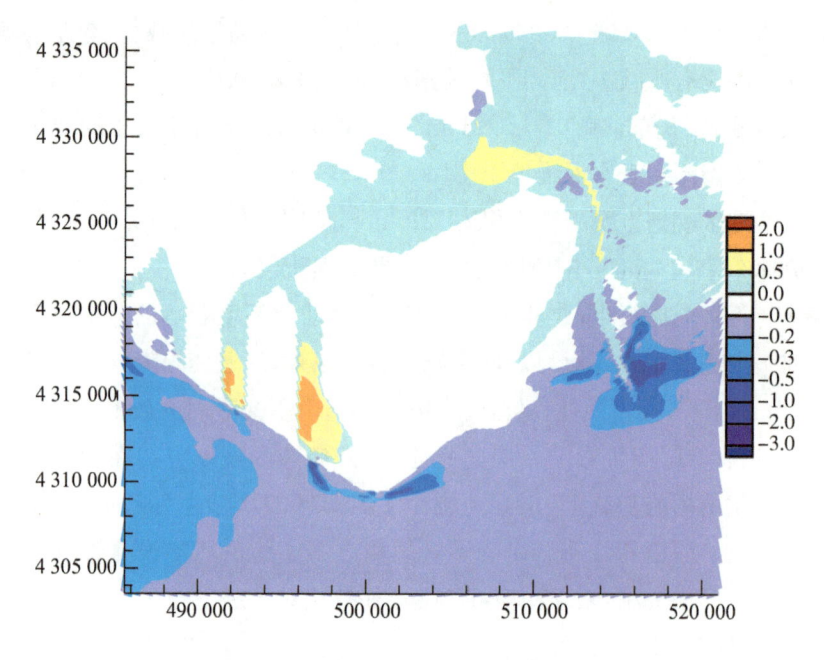

图 4.12　方案实施后年冲淤强度分布图

（2）泥沙骤淤计算

为了研究大风浪天气引起的港池与航道的骤淤情况，采用常浪向为 SE 向偏东 6°十年一遇波浪和大、中潮组合进行了方案实施后的骤淤强度计算，波浪作用时间为 48 个小时。方案实施后，波高主要分布在外海区域，中潮位时有效波高最大为 3.8～4.1 m。甸头西侧含沙量较大，达 6.0 kg/m³，港池及纳潮河含沙量较小，约 0.5 kg/m³。方案实施后在十年一遇波浪作用下，一港池淤积了 0.01～0.21 m，淤积部位主要位于靠近口门区域；二港池淤积了 0.00～0.20 m，口门附近淤积较大；三港池淤积了 0.00～0.07 m，主要淤积部位为靠近老龙沟一侧的区域。

4. 方案物理模型试验成果

曹妃甸港区总平面布置推荐方案物理模型试验结果表明，与纳潮河开通前比，纳潮河开通后老龙沟深槽流速有明显增大，其中涨潮平均流速增大大于落潮流速，涨潮平均流速增大 20% 左右，落潮流速增大 15% 左右。由于纳潮河开通后分了一部分水流，使甸头深槽流速有所减小，其中涨潮平均流速减幅大于落潮流速，涨潮平均流速减小 4% 左右，落潮流速减小 3% 左右。

通过建港前的动力条件、泥沙条件和稳定性分析，再参考建港后各方案条件下潮汐水流试验成果分析，可得以下结论：曹妃甸港区在无工程自然条件下处于轻微侵蚀的动态平衡状态，总体规划实施后，将会减少部分曹妃甸浅滩水流强度，局部浅滩有淤浅的趋势；因为缺乏泥沙来源，主要为当地局部调整，淤积强度有限。曹妃甸南侧深槽在自然状态下处于轻微冲刷的动态平衡状态，曹妃甸接岸大堤建成后甸头仍保持轻微冲刷的动态平衡状态；在曹妃甸总体规划实施后，甸头码头前沿和码头南侧深槽水流形态基本不变，流速稍有减小，对缓解甸头轻微冲刷的态势有利，深槽可以在较长时期内维持，对维护码头泊地的水深是有利的。

4.3.4 平面方案确定

通过对曹妃甸港区自然条件、数学模型试验的分析和验证，曹妃甸临港工业区将在西起双龙河口、东至青龙河口，大陆岸线与沙岛岸线之间的区域，构筑三大填筑板块，即以曹妃甸—蛤坨沙岛链为轴线的大型人工岛，位于一、二港池之间的人造港岛和沿大陆岸线向海侧推进的陆侧填筑区，板块之间以三个大型港池和贯通东西两翼的纳潮河分隔，形成以人工岛为主体、以板块结构为特征的总体布局形态。在甸头和一、二、三港池，分别形成超大型深水码头、深水码头、次深水码头、中等深水码头等几个比较集中的港口区域。方案最终可形成码头岸线 69.5 km，港区填筑面积超过 280 km^2（图 4.13）。

图 4.13 确定的港口布置方案

第五章
港口规划基础

港口总体规划需要依据港口规划开展时港口发展的现状条件,对港口发展的历史阶段、港口总体格局、水陆域的基本情况、码头航道等基础设施情况等港口总体状况进行总结分析,对近年来港口运输经营基本情况进行总结归纳,分析主要货物运输组织方式、货类构成及变化趋势,各种运输方式的集疏运量及构成以及主要港口企业运营状况等。并综合评价港口在经济发展、对外开放、综合交通体系及国家和区域港口群中所处的地位和发挥的作用,分析港口发展的主要特点。

5.1 规划背景

曹妃甸海域是我国北方优良的港口岸线资源,"面向大海有深槽,背靠陆地有滩涂",是曹妃甸最明显的特征和优势。曹妃甸甸头前沿500 m外天然水深一般可达25 m以上,深槽最大水深可达40 m,无须开挖人工航道即可建设30万吨级深水泊位,曹妃甸岛后方与大陆岸线之间为大片浅滩,通过围填可为临港产业布局和城市的开发建设提供足够的用地,因此曹妃甸港口建设禀赋条件可谓得天独厚。

环渤海地区是我国继长江三角洲、珠江三角洲之后,21世纪开发的重点区域之一。曹妃甸位于渤海湾北部,毗邻我国北方经济发展核心区域京津冀都市圈,腹地为我国煤炭、钢铁、建材、电力、化工等能源原材料生产最集中的地区。随着国家区域发展总体战略中鼓励东部地区率先发展,曹妃甸得天独厚的自然及区位优势开始迅速体现。河北省、唐山市各级政府高度重视曹妃甸港区及工业区的规划和发展,将其功能定位为:我国北方国际性铁矿石、煤炭、原油、天然气等能源原材料主要集疏大港,世界级重化工基地,国家商业性能源储备和调配中心,国家循环经济示范区。依托曹妃甸港区开发建设后方曹妃甸循环经济示范区是党中央、国务院根据国家能源交通发展战略,调整优化我国北方地区重化工业生产力布局和产业结构,加快环渤海地区经济一体化发展,引领现代工业走循环经济之路而做出的重大战略决策,也是国家继推进天津滨海新区开发开放后的又一重要举措。它的开发建设不仅对唐山、对河北的长远发展具有重大意义,而且对于促进环渤海地区乃至整个北方地区的发展都具有重要的现实意义和深远的历史影响。

  曹妃甸港区的开发研究始于20世纪70年代,90年代中后期由唐山市政府和京唐港港务局联合首钢、中石化等企业,先后委托国内著名的十余家甲级设计、勘察、科研单位对曹妃甸岛的开发利用开展前期研究工作,对曹妃甸海域地貌及海洋动力环境有了较为清晰的认识。2006年为配合曹妃甸港区大规模开发建设,唐山市政府开展《唐山港总体规划》的编制工作,针对曹妃甸平面布置方案开展了全面、系统的前期勘测和专题研究工作,本次规划工作系统地考虑了曹妃甸特殊的自然环境和先期进入的冶金、石化、煤炭等产业发展需要,最终确定了曹妃甸港区的功能定位、平面布置方案及功能分区,并于2007年9月经河北省人民政府正式批复实施。

  曹妃甸的平面布置方案制订始终围绕"如何保证曹妃甸滩槽相间地貌环境的总体稳定？如何在国家产业布局引导下,最大限度地利用好曹妃甸的港口岸线资源？"等关键技术性问题对该区域进行研究,从全局角度对布置方案进行整体的布局谋划,系统安排相关的前期勘测及专题研究工作,逐步深化对港区自然环境的认识,并利用最新的模型实验手段对港区平面布置方案进行优化。港区平面布置方案最终确定在双龙河口和青龙河口之间,充分利用甸头深水资源和潟湖内的潮沟、浅滩,顺应地貌和自然环境,以填筑、开挖相结合的方式形成港口水陆域。利用甸头深槽建设20万吨级以上码头,西侧利用二龙沟和浅滩形成第一、第二港池,东侧借助老龙沟辐射水域形成第三港池,通过纳潮河将东西两翼港池连通以利于水体交换,最终形成以人工岛为主体、以板块结构为特征的总体布局形态。根据港区资源特点及其功能定位,为了充分适应临港冶金、石化、能源、装备制造等产业发展,以及煤炭、原油、铁矿石和综合运输的需求,围绕甸头和三个港池,形成矿石和原油大宗散货作业区、通用码头作业区、煤炭和干散货专业化作业区、液体化工品作业区及部分临港工业专用岸线。总体规划最终形成港口岸线69.5 km,港区总填筑面积超过 280 km²，是我国单体围填规模最大的港区。

曹妃甸平面布置方案有效地指导了港区发展建设，基础设施建设突飞猛进，依据港口总体规划所确定的港区平面方案和功能分区，各类护岸、防波堤、围填造地和码头建设工程大规模开展，港区外轮廓已基本形成，码头能力已大幅提升，后方临港产业布局已形成规模(图5.1)。

图5.1 曹妃甸港区2010年卫星图片

5.2 规划基础

5.2.1 港口发展历程

唐山港于1989年8月动工建设，1992年7月开港，是我国沿海的新兴港口。经过三十多年的发展，唐山港从无到有、从小到大，现已成为津冀沿海港口群和国家"北煤南运"运输系统、矿石和原油进口运输系统的重要组成部分，在唐山市和其他腹地的经济、产业的发展中发挥了重要作用。

唐山港的发展大体经历了以下几个阶段：

(1) 1992—2001年，唐山港从无到有，初步形成规模

1992年7月唐山港京唐港区开港，从1993年完成货物吞吐量45万t，到2001年突破1 000万t大关，步入沿海中等港口行列，仅用了9年时间，此时

港口码头的最大靠泊等级为3.5万吨级的集装箱专用泊位。

(2) 2002—2007年,唐山港快速发展,港口地位迅速提升

随着我国2001年末加入WTO以及逐步进入工业化中期,京津冀地区经济特别是重化产业的发展步伐显著加快,对外开放的程度也日趋深化。唐山市是我国钢铁产业最重要的聚集区,铁矿石、钢铁等物资运输需求激增,唐山港进入了快速发展的新阶段。同时,随着我国南方沿海地区煤炭消费需求的快速增长,唐山港京唐港区下水煤炭服务的范围逐步扩大,越来越多地参与"三西"煤炭外运,2002年煤炭下水量突破1 000万t,逐步成为我国沿海"北煤南运"系统的重要装船港。

2005年底唐山港曹妃甸港区正式开港,25万吨级大型专业化矿石码头投入使用,使唐山港的发展迈上了崭新的台阶,唐山港成为我国外贸进口铁矿石的重要接卸港口,同时为本地钢铁产业的发展和引导相关产业向沿海集聚发挥了重要的作用。2007年唐山港完成吞吐量6 748万t,2002—2007年间年均增速为35.7%,占津冀港口群的比重由4.6%上升到9.5%。

(3) 2008—2012年是港口跨越式发展的新阶段

2007年,与大秦线扩能配套的迁曹铁路、连接京唐港区的唐港支线扩能改造工程相继竣工,当年年末京唐港区32♯~34♯煤炭专业化泊位完工投产,使得唐山港成为2008年国家"北煤南运"的主增长点。2008年唐山港共完成煤炭下水量3 744万t。此外,随着2009年曹妃甸港区5 000万t煤码头项目投产,唐山港在全国沿海煤炭运输中发挥了更加重要的作用。

2008年唐山市大力推动沿海开发,产业迅速向沿海地区集聚,后方产业区的大规模开发为唐山港带来巨大的发展空间,尽管全国沿海港口的生产形势普遍受到了国际金融危机的冲击,但是在煤炭和矿石两大货类吞吐量激增的推动下,2008年唐山港吞吐量达到1.1亿t,实现了历史性的突破。

2009—2012年唐山港延续了快速发展的势头,年货物吞吐量增速均超过了27%,居全国前列;2012年完成吞吐量3.65亿t,占津冀港口群的比重快速上升到29.4%。

5.2.2 港口总体格局和发展基础

唐山港现已形成由京唐港区、曹妃甸港区和丰南港区组成的"一港三区"总体格局,其中港口基础设施和港口运输主要集中在曹妃甸港区和京唐港

区,丰南港区为在建港区,尚未形成运输能力。京唐港区目前以煤炭、矿石、一般散杂货和集装箱内贸、内支线、近洋等运输为主。港区现有港池采用"挖入式"的建设布局,码头、堆场、加工区连成一体。截至2012年年底,京唐港区建有生产性码头泊位31个,其中万吨级以上泊位28个,泊位核定能力10 997万吨/20万TEU。最大靠泊等级为20万吨级矿石专用泊位。航道水深19.5 m,通航等级为20万吨级。曹妃甸港区目前主要以煤炭、矿石等大型干散货接卸运输为主,截至2012年底,曹妃甸港区建有各类泊位36个,其中深水泊位27个,通过能力16 989万t;其中包括25万吨级矿石泊位4个,30万吨级原油泊位1个,5万~10万吨级煤炭泊位5个。唐山市拟在丰南区所辖涧河口至黑沿子河口岸段新开辟丰南港区,为后方临港工业服务。该岸段目前在两河口处建有小型渔港,其余岸段为滩宽水浅的大面积滩涂,多为人工水产养殖所用,无港航、工业建设项目。

5.2.3 港口运营情况

唐山港自1992年投入营运后吞吐量增长很快(图5.2),主要港口运营集中在京唐港区,2000—2012年平均年增长率为36.1%,承运货种从初期单一的内贸煤炭、原盐,发展到目前以煤炭、矿石、钢材为主,兼有原盐、粮食、纯碱、陶瓷、棕榈油、沥青、纸张、稻草、硫磺、煤焦油、水产品、重型设备等10多大类,数十个货种,通达国内100多个港口、国外40多个国家60多个港口,陆域腹地辐射至北京、山西、陕西、内蒙古、宁夏等地。近几年唐山港主要货物吞吐量如表5.1所示。

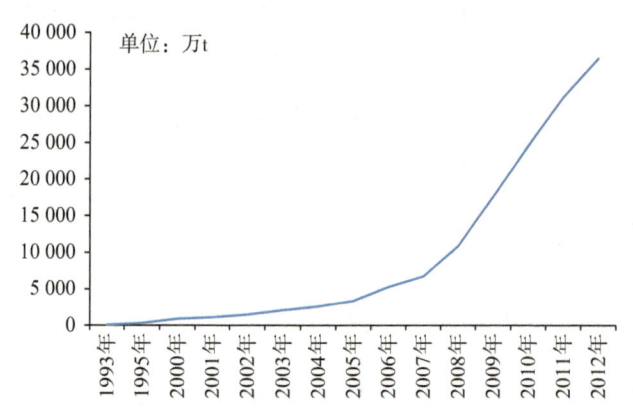

图5.2 唐山港吞吐量历年增长情况示意图

表5.1 唐山港主要货物吞吐量表

年份	唐山港（万t）	♯煤炭（万t）	♯金属矿石（万t）	♯钢铁（万t）	♯集装箱 箱量（万TEU）	♯集装箱 重量（万t）	♯其他（万t）
1993年	44.2	35.5		0.7			8.0
1995年	306.7	228.1	7.7	8.9			62.0
2001年	1 101.8	963.9	45.4	22.5	0.3	5.0	65.0
2005年	3 366.0	1 377.1	1 101.3	604.6	3.5	60.0	223.0
2008年	10 853.0	3 967.0	5 056.8	1 096.2	24.0	400.7	332.3
2012年	36 413.0	14 494.0	15 159.0	3 376.0	45.0	627.0	2 757.0

唐山港吞吐量构成中，以煤炭、金属矿石、钢铁等货类为主，近年来吞吐量增长最快的货种是金属矿石和钢铁。2012年煤炭、金属矿石、钢铁吞吐量分别为14 494万t、15 159万t和3 376万t，分别占全港总吞吐量的39.8%、41.6%和9.3%。

曹妃甸港区自2005年矿石码头建成以来，港口吞吐量增长迅猛，货类构成中以铁矿石和煤炭为主。2009年港区完成吞吐量已达7 018万t，其中铁矿石吞吐量为5 751万t，煤炭1 086万t；2012年港区完成吞吐量1.95亿t，其中金属矿石吞吐量为9 752万t，煤炭5 728万t。

京唐港区自1992年投产运营以来，港口发展一年一大步，两年一跨越，三年一个新局面，货物吞吐量呈高速递增态势，2008年达到7 645万t，2009年达到10 541万t，同比增长38%，超全国沿海港口平均增幅近30%，位居全国规模以上沿海港口前列。2012年增速有所回落，吞吐量为1.7亿t。2000—2012年京唐港区港口运量年均增幅达27.7%。

5.3 港口发展基础综合分析

5.3.1 港口主要特点和作用

1. 港口吞吐量呈持续快速发展势头

2012年唐山港完成货物吞吐量3.65亿t，外贸吞吐量1.89亿t，分别居全国沿海第7位和第6位。"九五"期间和2001—2007年间，唐山港吞吐量年均增长速度和年均增量分别达到 24.1% 和 119 万 t、33.3% 和 835 万 t,而 2008—2012 年间则达到了 35.4% 和 6 401 万 t。各阶段增速均远远超过全国沿海、津冀沿海的平均水平,且各时期增速和增幅都在不断提高。相应地,唐山港吞吐量占全国沿海港口、津冀沿海港口吞吐量总量的比重也由 1995 年的 0.4% 和 2.1% 分别上升到了 2007 年的 1.6% 和 9.5%,2012 年进一步上升到 5.5% 和 29.4%。

2. 港口吞吐量增长与我国能源运输和腹地经济产业发展关系密切

"九五"期间随着南方地区煤炭运输需求激增和国家煤运格局的变化,唐山港煤炭吞吐量大幅攀升,成为当时港口吞吐量最主要的增长点,该时期煤炭吞吐量年均增速达 27%,其增长对港口吞吐量总量增长的贡献率高达 88%。进入 21 世纪后,随着京津冀地区经济特别是重化产业的发展步伐显著加快,外贸进口铁矿石和钢铁运输需求急剧膨胀,"十五"期间唐山港金属矿石、钢铁吞吐量年均增速分别为 186.7% 和 61.6%,其增长对港口吞吐量总量的贡献率达到 44% 和 22%。"十一五"以来唐山港进入大建设阶段,2005 年末曹妃甸港区 25 万吨级矿石码头的投产,2007 年末京唐港区 32#~34# 煤炭专业化泊位、2009 年曹妃甸港区 5 000 万 t 煤码头项目的相继投产,有力地推动和支撑了唐山港铁矿石、煤炭吞吐量的大幅增长,"十一五"以来,金属矿石和煤炭吞吐量年均增速分别为 51.9% 和 54.2%,其增长对港口吞吐量总量的贡献率达到 46% 和 40%。

3. 港口-工业互动发展的特点比较突出

曹妃甸港区以首钢搬迁落户为契机开始大规模开发建设,为后方临港工业服务也是曹妃甸港区重要的港口功能之一。曹妃甸依托其港口资源大力招商引资,除首钢京唐钢厂外,华润电力曹妃甸电厂工程、中冶京唐 50 万吨冷弯型钢及钢结构项目、中石油渤海湾生产支持基地、华电临港重工装备制造基地项目、冀东水泥曹妃甸装备研发项目、文丰广易板钢结构项目、恒基太阳能电池生产基地项目等一系工业项目均已在曹妃甸港区后方临港工业区或直接在港区内落户,工业开发与前方码头泊位衔接十分紧密。工业项目促进港口的进一步开发,港口引导产业布局,为工业项目服务,港口-工业互动发展的特点较为突出。

4. 港口货源结构中为唐山本地服务所占比重不断提高

开港之初,唐山港主要服务范围在唐山本地,其中又以服务于开滦煤炭下水运输为主;"九五"以后唐山港逐步参与到"三西"地区的煤炭外运中,该时期唐山港吞吐量的80%以上为"三西"基地外运的煤炭;随着唐山市钢铁产业快速发展,港口对本地区经济发展的支撑和拉动作用不断提升,目前唐山港货物吞吐量的55%左右来自本市(以矿石、钢铁为主),35%以上来自内陆省份(以煤炭为主),其余来自河北省其他地区及北京市。

5. 曹妃甸港区的投产提升了唐山港在津冀沿海港口中的地位和作用

唐山港现由京唐港区和曹妃甸港区组成,2005年底曹妃甸港区正式开港,25万吨级大型专业化矿石码头投入使用,使唐山港的发展迈上了崭新的台阶,也显著改变了京津冀地区矿石运输的格局。目前,唐山港成为我国外贸进口铁矿石的重要接卸港口,占津冀沿海地区港口接卸外贸铁矿石总量的比重由2005年的13%迅速上升到45%。同时曹妃甸港区的投产也为本地钢铁产业的发展和引导本地产业向沿海集聚发挥了重要的作用。随着曹妃甸30万吨级原油码头、煤一期5个专业化煤炭装船泊位等项目的投产,以及煤一期(续建)、煤二期和一批通用泊位工程的陆续实施投产,唐山港在区域港口格局中的地位还将进一步提升。

5.3.2 港口发展需加强的方面

1. 港口货类结构有待进一步优化

唐山港建港以来一直以服务国家"北煤南运"运输系统和腹地重化产业发展为主,港口运输货类也以煤炭、矿石等干散货运输为主。虽然随着港口吞吐量的迅猛增长,唐山港在津冀沿海港口群中的地位和全国港口排名中提升较快,但以煤炭、矿石等干散货为主体的运输结构仍未改变。相比较而言,除干散货以外的其他货类吞吐量增长较慢。近年来,唐山港集装箱吞吐量增速较快,除集装箱外,以原油、LNG为代表的液体散货运输也呈现一定的增长态势,但受后方腹地产业发展影响,增长幅度有限,在港口总体运输规模中的占比波动不大。

2. 港口资源整合情况有待进一步加强

唐山港基础设施及港口运营主要集中在曹妃甸港区和京唐港区,两个港区均有较大的运输规模,受后方腹地运输需求影响,两港区在服务功能上类似,在运输货类上也均以大宗散货为主。京唐港区经营主体较为集中,以唐山港集团为主。曹妃甸港区开展港口经营的主体较多,相互之间业务上有所重复，竞争较为激烈。在前一阶段港口运输规模扩张期间，多家运营主体相互竞争有利于快速实现运输能力保障，降低社会整体物流成本，且港口企业均可保持合理的利润增长。但随着腹地钢铁和能源等高污染、高耗能产业开展结构调整，唐山港腹地运输需求将难以保持前期较高的增长速度，过多的经营主体将产生过度的同质化竞争，港口企业经营利润将难以得到保障，不利于港口企业做大做强，长期如此将影响港口功能的拓展，港口的作用难以发挥。

除曹妃甸港区和京唐港区主体建设的区域外，唐山港还有多处区域正在开展港口的开发建设。唐山港应统筹考虑各新的港口拓展区域的功能定位和产业规划，结合曹妃甸港区和京唐港区已开展港口经营的企业主体情况，开展港口资源整合，减少过度同质化竞争现象。

3. 港口集疏运体系及运输结构有待进一步优化

唐山港货物中转运输主要集中在曹妃甸和京唐两港区，主要通过陆路运输方式向后方腹地疏解，集疏运压力大。目前的货物集疏运方式中，除煤炭主要以铁路集疏运为主外，矿石、集装箱、钢铁杂货等其他货类主要以公路集疏运为主。公路集疏运灵活、快捷，在港口吞吐量较小的发展时期较为适合，但以唐山港的吞吐量规模来看，公路集疏运已难以应对港口吞吐量的持续增长，且对港口周边交通、环境影响非常大，难以实现曹妃甸新城生态环境优美的发展定位。唐山港应进一步优化集疏运结构，提升铁路集疏港比例，发挥铁路远距离辐射优势，拓展唐山港服务范围。

4. 港口功能有待进一步拓展，服务水平有待进一步提升

随着唐山港货运规模的快速增长，港口基础设施建设同步加快，码头基础设施大型化、专业化水平进一步提升，为满足腹地海运需求提供了有力保障。在港口服务方面，除传统装卸、储运功能外，唐山港临港产业服务功能发展较快，但高端航运服务行业发展较为缓慢，贸易、金融、信息、物流等现代航运服务业尚未形成规模。港口增值服务少，对上下游产业链延伸不够，对城市经济发展、产业提升带动作用不足。港口在业务拓展、转型升级方面有待进一步加强，港口服务水平有待进一步提升。

第六章
港口规划定位

港口总体规划中港口规划定位的分析应综合考虑腹地经济社会发展对港口的要求、港口在综合交通体系中的地位和作用、港口的发展条件和制约因素,依据相关的港口布局规划,研究确定港口的性质,明确港口发展方向。针对唐山港的港口定位,本章具体分析了其发展所面临的外部环境、周边港口的竞争态势、自身发展的优势和经济社会发展对唐山港的要求,具体论证唐山港的发展定位和需要具备的功能。

6.1 外部环境分析

6.1.1 宏观发展环境

从国际看,全球经贸格局不断发生变革。国际金融危机冲击和深层次影响在相当长时期依然存在,世界经济、贸易在深度调整中曲折复苏,增长乏力。在亚洲地区经贸较快增长带动下,长期看全球经济贸易仍将保持增长趋势。预计到 2030 年左右,中国 GDP(按购买力测算)将超越美国成为全球最大的经济体。以金砖国家为代表的新兴市场在全球的经济贸易地位稳步提升。世界新一轮科技革命正在孕育。从国内看,党的十九大提出中国特色社会主义进入了新时代,明确了我国未来 30 年的战略目标,提出了分两步走实现社会主义现代化强国的战略部署,明确了"贯彻新发展理念,建设现代化经济体系"的战略任务。未来,我国经济发展将贯彻落实新发展理念,继续坚持质量第一、效益优先,以供给侧结构性改革为主线,推动经济发展质量变革、效率变革、动力变革。在推动形成全面开放新格局中,以"一带一路"建设为重点,坚持"引进来"和"走出去"并重,形成陆海联动、东西双向互济的开放格局。同时,资源短缺、环境污染、生态破坏等问题日益得到社会各界的高度重视,未来经济发展的资源和环境约束将不断强化。

6.1.2 区域周边港口发展趋势

环渤海地区是我国经济发展比较活跃的区域之一,改革开放以来,环渤海地区的沿海港口取得了令人瞩目的发展成就。目前,环渤海地区以大连、营口、秦皇岛、天津、烟台、青岛、日照等港口为主,丹东港、锦州港、唐山港、黄骅港、龙口港、威海港等地区性重要港口为辅,其他中小港口适度发展的沿海港口分层次发展格局正在逐步形成。近年来,环渤海地区煤、油、矿、箱四大货类的港口专业化运输体系发展迅速,集装箱运输相对集中的发展格局已基本形成,大连港、青岛港和天津港成为本地区的三大集装箱干线港,三港集装箱吞吐量规模占总量的90%左右,与此同时,各个支线港和内贸集装箱的发展速度仍在不断加快;同时,以大连港、唐山港、青岛港为主,营口港、秦皇岛港、天津港、日照港为辅的外贸进口铁矿石运输系统,以秦皇岛港、唐山港、天津港、黄骅港、青岛港、日照港为主要煤炭下水港的煤炭运输系统,以大连港、天津港、青岛港为主,锦州、唐山港等为辅的外贸进口原油运输系统,以及一批大型专业化码头正在陆续投产,港口运输系统大型化、专业化发展的趋势十分明显。

从港口运输与腹地经济的内在联系来看,环渤海地区可分为北、中、南三大沿海港口群,即以大连港为中心的辽宁沿海港口群、以天津港为中心的津冀沿海港口群和以青岛港为中心的山东沿海港口群,各港口群服务的腹地范围相对清晰、交叉较少,同一港口群当中,间接腹地多有重叠,主要港口的作用比较突出。唐山港是津冀沿海港口群中规模相对较小的港口,东北侧相邻约116 km的秦皇岛港是我国最大的煤炭下水港,西侧相邻约60 km的天津港是环渤海地区运输规模最大的港口,也是环渤海地区第二大集装箱干线港和我国第二大煤炭下水港,是加快滨海新区建设、打造北方国际航运中心和国际物流中心的主要载体,在集装箱等综合运输及综合物流服务等方面,已经具有很强的竞争能力和很高的市场地位。面临两大港口的压力,充分利用自身的特点和优势,实施错位、协调发展,主动参与北方国际航运中心的建设,是唐山港生存、发展乃至创造辉煌的必由之路。

6.1.3 唐山港的发展优势

唐山市拥有较为丰富的港口岸线资源，京唐港区的建设，创造了我国沿海挖入式港口建设的一个成功范例，曹妃甸港区是津冀沿海唯一不需开挖航道和港池即可建设 30 万吨级大型泊位的"钻石级"港址，港区后方有 450 km^2 的广阔滩涂。当前，我国国民经济和对外贸易发展迅猛，港口运输需求增长强劲，尤其是随着工业化进程逐步加快和经济全球化趋势的不断发展，可供工业开发的国土资源日益紧张，一些原材料和产成品大进大出的大型冶金、石化、装备制造工业向临海和临港地区开拓新的发展空间的趋向日益明显，为港口的进一步发展提供了一个新的历史性机遇。2003 年曹妃甸工程被列入河北省"一号工程"，2005 年 12 月曹妃甸循环经济示范区被列为首批国家循环经济试点名单，2006 年 3 月纳入国家"十一五"规划纲要。

河北省是京津冀地区的重要组成部分，依托环渤海经济圈的崛起和新的经济增长极的建立，已明确提出建设沿海经济社会强省的战略目标，做出了"打造沿海经济隆起带，构筑区域发展新格局"的战略部署。唐山市提出"生产力布局向沿海推进""用蓝色思路改写煤都历史""构建沿海经济隆起带"的发展思路，并将在打造河北沿海经济隆起带中发挥领头羊的作用，充分依托港口优势，大力发展临港产业，重点加快工业化进程，逐步建立以沿海外向化、重型化、大进大出为主要特征，大运量、大产出、大外贸相互促进和协调发展的产业组织体系。在这一进程中，将以港口特别是曹妃甸工业区的开发建设为龙头。

6.1.4 对唐山港发展要求

1. "一带一路"等国家政策要求唐山港扩大对外开放，提升航运地位

金融危机以来，国际经济政治格局不断调整和重构，国内经贸环境也在发生变化：一方面，我国已成为全球第二大经济体和第二大货物贸易国；另一方面，随着经济步入"新常态"，传统的贸易优势逐渐失去，国际贸易竞争力优势逐渐下降。在此背景下，我国开始实施更加主动的对外开放政策，努力由国际规则的"遵守者"向"制定者"进行转变。2013 年习近平总书记提出了"一带一路"倡议等，标志着我国进入全方位对外开放的新阶段。新时期的全方位开放政策的特点，一方面是继续强化提升沿海港口参与全球化的物流平台

与贸易门户的地位，建立以港口为核心的高效现代物流体系，另一方面则是在多年"向东"面向海洋的对外开放之外，我国开始"向西"在大陆方向深化开放合作，强调与中亚、俄罗斯等互联互通，提升贸易发展。

唐山港拥有广阔的内陆腹地，但华北、西北等间接腹地经济基础相对薄弱，长期以来唐山港的腹地辐射能力得不到充分发挥。未来唐山港将适应"一带一路"等国家政策要求，努力提高对外开放水平，"东向"向海提升竞争力，"西向"向陆提升辐射力（延伸港口服务功能），成为区域综合物流枢纽，在京津冀区域航运发展格局中发挥重要作用。

2. 京津冀协同发展要求唐山港与天津港、河北其他港口一起打造世界级现代化港口群

2000年以来，津冀沿海港口运输格局发生了较大变化，由天津港、秦皇岛港两港为主，发展成为天津港、秦皇岛港、唐山港、黄骅港四港并驾齐驱的局面，各个港口的码头设施和吞吐量都具有相当规模。随着港口辐射能力的增强，津冀沿海港口的服务范围出现重叠，尤其是在煤炭下水、外贸进口铁矿石等方面的竞争日趋激烈。未来津冀沿海港口腹地经济发展方式的转变、产业结构的升级，以及京津冀协同发展等重大战略的实施，对该区域沿海港口提出了更高的新要求。从服务广大西北、华北地区经济社会发展需求和京津冀地区协同发展战略的总体要求出发，津冀地区应合力打造以"卓越、多样、共赢"为主要特征的世界级现代化港口群。

在此背景下，唐山港应进一步完善煤炭、铁矿石等干散货运输系统，服务腹地产业发展和国家能源战略需求，依托自身产业发展优势和临港产业园区优势条件，加快推动港口转型升级和现代服务业集聚，为区域产业结构升级和发展方式转变提供支撑。

3. 唐山城市新定位要求唐山港加快转型升级和提质增效发展

按照习近平总书记视察唐山时提出的"努力把唐山建成东北亚地区经济合作的窗口城市、环渤海地区的新型工业化基地、首都经济圈的重要支点"，"争取在转变发展方式、调整经济结构、推进供给侧结构性改革等方面走在前列"的总体发展目标，河北省委、省政府提出唐山市要在全省率先全面建成高质量小康社会和现代化强市的具体要求，唐山市委、市政府通过开展"一港双城"建设，实现港产城高质量融合发展。"一港"：唐山港以建设世界一流大港为目标，在优化功能、扩大港口规模、完善集疏运体系等方面实现新的突破。

第六章 港口规划定位

"双城"：主城区以建设京津冀区域性中心城市为目标，"五位一体"的城市格局、"三山拱卫、两河环绕"的城市形态、"建筑精美、时尚大气"的城市风貌、"一心五片多园"的产业布局构建取得重大进展，城市功能和品质稳步提升，承载力和辐射带动能力进一步增强；曹妃甸以建设现代化滨海新城为目标，功能定位、空间布局、结构形态、分区规划进一步明晰，产业聚集、人口吸纳能力显著增强，港产城融合发展步伐明显加快。力争3至5年内常住人口、经济总量倍增，建成靓丽、繁荣、宜居的城市雏形。

4. 唐山市产业布局对唐山港临港产业发展提出新方向

唐山市未来产业发展坚持存量优化与增量崛起并重，改造提升传统产业，培育壮大新兴产业。在加快建设环渤海的新型工业化基地方面，要做大做强支柱产业。精品钢铁产业要通过降总量、提品质、延链条、增效益，加快钢铁产业向中高端迈进，推动唐山由钢铁大市向钢铁强市转变。现代化工产业要推动煤化、盐化产业链向下游延伸，打造世界一流石化基地，实现化工产品多元化和精细化。先进装备制造产业要强化科技创新，聚集更多配套企业，大力实施品牌战略，加快把唐山建设成先进制造业大市。新型建筑建材产业突出新型、绿色、高端、优质，打造集水泥、陶瓷、木材及装配式住宅为一体的建筑建材产业链条。新能源新材料产业方面要把唐山建设成新能源新材料研发和产业高地。同时还要加快发展新兴产业，立足产业基础和比较优势，在抓好机器人、轨道交通装备、石墨烯、动力电池、生物医药等新兴产业的基础上，瞄准航空航天装备、增材制造等新领域，积极引进龙头企业、科技成果转化项目。

在发展现代物流业方面，要着力构建"一中心、多节点、全覆盖"的现代物流空间布局体系。"一中心"，即突出唐山港和曹妃甸物流中心地位，加快构建起大港口、大通道、大物流、大贸易格局；"多节点"，即通过提升完善基础设施、强化区域集散分拨和物流配送功能，加快发展海铁联运、公铁联运、陆空联运和集装箱多式联运，统筹发展货运枢纽型、生产服务型、商贸服务型、口岸服务型和综合服务型物流园区，加快资源型产品物流集散中心、资源交易、电子口岸和大宗商品交易等平台建设，打造立足京津冀、服务环渤海、辐射东北亚的现代物流重要枢纽和战略节点城市。

在大力发展海洋经济方面，不但要优化升级海洋渔业、海洋交通运输业、滨海旅游业等海洋传统产业，还要突破发展海洋高端装备制造、海洋化工、海洋生物、海洋高技术服务等产业。要着力抓借海开放，依托港口和海洋，更加便捷地利用国际国内两种资源、两个市场，全面融入"一带一路"，大力发展开放型经济，提升开放水平和产业层次，努力把唐山打造成海洋开放合作的新高地。

6.2　港口定位

根据唐山港的发展环境和自身的特点、腹地经济发展需求，归纳唐山港的性质如下：唐山港是我国沿海的地区性重要港口；是我国能源、原材料等大宗物资专业化运输系统的重要组成部分；是华北及京津冀地区重要的综合运输枢纽；是京津冀地区协同发展和区域产业结构调整的重要平台；是河北省及唐山市参与东北亚地区经济合作的重要窗口；是实施《河北沿海地区发展规划》，促进河北省及唐山市经济转型升级的重要支撑；是河北省及唐山市沿海地区开发建设的重要基础设施和主要依托。唐山港将充分利用自身的特点和优势，为大型临港工业发展提供有力的支持，全面发展煤炭、原油、铁矿石等大宗散货运输和集装箱、钢铁、杂货、化工原料等综合物资运输，拓展港口物流、商贸、信息、保税等服务功能，逐步发展建设成为内外贸结合、商工贸并举、自然和谐、环境优良、国际一流的现代化深水大港。

6.3　港口功能

根据唐山港的性质及其发展方向，它将是一个兼备水、公、铁、管道等多种运输方式，集多种服务功能为一体，由多个港口企业、物流企业和临港产业有机结合的服务整体，具备装卸储运、中转换装、运输组织、临港工业、现代物流、商贸信息、综合服务等主要功能。

6.3.1　装卸及仓储功能

装卸和仓储是港口最传统的基本功能。现代化的码头、高效的装卸设备、充足的库场设施等是构成现代化港口的基本物质要素。

6.3.2 中转换装功能

中转换装也是港口的传统功能之一。唐山港是水路、公路、铁路、管道等多种运输方式综合交汇的节点，必须通过场区内各种运输方式便捷、有效地衔接和灵活运转，保证货物能够以最为经济、安全、快速和准确的方式完成运输过程。

6.3.3 运输组织管理功能

围绕港口的集疏运、装卸、储存、转运、配送、加工等形成运输组织和管理中心，建立与各个运输环节的密切联系，将用户、运输企业、内陆货运站及其他港口等有机地联系起来，驱动各个运输环节和储运工具等协调运转。

6.3.4 临港工业功能

以港口最基本的装卸和仓储功能为基础，利用港口岸线配套开发相应的工业生产或储存场地，将生产场区与公用或自备码头有机地结合起来，使企业的原材料供应、产成品外运与港口运输协调运转，达到节省运输环节、加快资金和物资周转、最大限度降低生产成本的目的。同时临海工业的发展也将促进港口的繁荣及其规模的扩大，使港口带动区域经济发展的作用在更深的层次上得到进一步发挥。

6.3.5 现代物流服务功能

唐山港面向众多的城市群体和广泛的企业用户，承运的大量煤炭、矿石、液体化工品、集装箱、杂货等物资均存在日益增加的综合或专项物流服务需求，唐山港需要创造各种软硬件环境，吸引大型物流企业向港口聚集，形成一个以港口为核心的综合物流贸易基地。

6.3.6 信息服务功能

港口是集中产生大量信息的领域，需要具备方便快捷的现代化通信设施和通畅安全的信息网络系统，能够及时准确地对信息进行收集、处理、传递和发布，围绕港口的物流、商流、资金流、信息流，在管理者与经营者之间、组织者与执行者之间、各种服务的提供者之间、服务商与用户之间建立广泛的信息服务体系，保证运输组织和物流服务功能的正常发挥。

6.3.7 综合服务功能

作为车、船等交通工具的集散地和人流聚集地，唐山港需要提供优质的口岸服务及生产、生活服务，其内容不仅包括边检、通关、动植物检疫、卫生检疫、船舶检验及维修、海事服务等，而且要保证船、车生活资料供应和船员、客商及其他各类相关从业人员在港口得到良好的餐饮、娱乐、居住及其他生活服务。作为国际和国内交往的重要窗口，港口应创造环境宜人、景色优美的海景区，为港口城市提供风格独特的自然、人文景观。

第七章
港口规划规模

港口总体规划主要是从空间上对港口资源进行充分利用,而港口运输规模规划是根据区域经济发展状况,考虑铁路、公路、水路、管道等各种交通运输发展现状及规划,通过对港口货源的深入分析,提出港口主要货类的服务范围,并通过对腹地经济发展水平及对港口运输需求进行预测,来确定港口未来一定时期内的运输规模。

7.1 腹地范围

7.1.1 港口地理区位

唐山港地处环渤海地区中部、渤海湾东北端,东面大海,背依京津冀地区,是我国华北、西北地区最便捷的出海口之一。唐山港包括京唐港区和曹妃甸两大港区。其中,京唐港区位于唐山市东南 80 km 处的唐山海港开发区内,东北距秦皇岛港约 64 海里,曹妃甸港区位于唐山市唐海县辖境,西距天津港约 38 海里,两港区相距约 33 海里。

7.1.2 港口交通运输条件

唐山港后方各种运输方式齐备,运输条件优越。两港区铁路运输分别经唐港线、迁曹支线连接迁曹线,进而通过京山线、大秦线等铁路干线与全国铁路运网相沟通,另外还有唐遵、卑水、汉张等铁路。公路运输分别通过唐曹高速、唐港高速以及多条疏港路与沿海高速、唐津高速、京沈高速、承唐高速相连,连接京津冀,并沟通全国公路运网。航空运输方面,唐山港距首都国际机场约 250 km，距天津国际机场约 100 km。管道运输方面，港区后方管道通过曹妃甸至天津管线连接中石化华北管网，服务华北地区炼厂。

7.1.3 与周边港口的关系

环渤海地区沿海港口由辽宁沿海、津冀沿海和山东沿海三大港口群组成，各港口群的服务范围相对清晰、独立。其中，唐山港作为津冀沿海港口群的重要组成部分，除满足本地经济社会发展需要外，与秦皇岛港、黄骅港、天津港互为补充，共同服务于国家能源物资运输和京津冀地区的开放开发，共同为环渤海及中西部地区的发展服务。

7.1.4 腹地范围

从港口地理位置、至内陆的交通运输条件、与相关港口的关系，以及与周边地区的经济联系等方面来看，唐山港直接服务唐山市区及所辖市县，辐射京津冀地区。未来随着港口功能定位的提升、内陆大通道的建设，以及区域竞争力的不断强化，辐射范围将逐步拓展到包括京津冀、晋陕蒙、新甘宁青等广大华北和西北地区。

7.2 腹地经济、社会发展特点

唐山港的全部经济腹地横跨我国东、中、西三大经济带，总面积 472 万 km^2，人口约 3 亿。2012 年腹地地区生产总值为 12.8 万亿元，外贸进出口总额 6 703 亿美元，分别占全国的 24.6% 和 17.3%。该地区土地广阔，资源多样、储量丰富，是我国重要的能源、原材料、重化工产业基地，煤炭、原油和钢产量分别占全国的 78.3%、53.3% 和 37.9%。现状各地区经济发展水平、产业结构差异较大，呈现出从京津冀、华北到西北地区梯度递减的特点。

7.2.1 直接腹地：唐山市

唐山市是我国重要的沿海重工业城市之一，地处华北、东北两大地区的交汇地带，与首都北京和天津市分别相距 150 km、120 km，隔海与朝鲜、韩国、日本相望，是我国华北地区对外开放以及与国内其他地区经济往来的重要门户。唐山市现辖 7 个市辖区、4 个县，代管 3 个县级市，总面积 13 472 km^2，人口约 769.7 万。2022 年唐山市完成地区生产总值 8 900.7 亿元,比上年增长 4.7%,占河北省 GDP 的 1/5 强。其中,工业增加值完成 4 927.7 亿元,占全市 GDP 的 55.4%。人均 GDP 为 115 571 元,是河北省平均水平的 2.0 倍。

直接腹地的经济发展特点如下:

(1) 矿产、能源等自然资源丰富

唐山市的矿产资源品种多、储量大、质地优良、分布集中、易于采选,是我国主要的焦煤产区和三大铁矿区之一。煤炭保有量 62.5 亿 t,铁矿保有量 57.5 亿 t,石灰岩储量 6.88 亿 t,石油储量 9 亿多 t,天然气 700 亿 m^3,黄金储量 70 t,银、锰、铬、锌、石英、云母、磷矿等储量也相当可观。

(2) 重化工业基础雄厚,现已形成全国最大的钢铁基地

唐山市是河北省主要的重工业基地之一,2012 年全市第二产业比重高达 59.2%,其中,基础能源、优质建材、精品钢材、装备制造和重化工五大产业基地增加值约占规模以上工业增加值的 3/4 强,对工业增长的贡献率约为 70%,拉动规模以上工业增长约 16 个百分点。钢铁工业是唐山市的第一大支柱产业,已形成主辅业门类齐全、上下游产业链衔接完整的钢铁工业体系,拥有唐钢、国丰、津西、建龙等一批骨干企业。2012 年全市粗钢产量已达 8 107 万 t,约占全国总产量的 1/10,是我国最大的钢铁生产基地。

(3) 外向型经济发展较快,在全省地位突出

唐山市是河北省外向型经济较为发达的城市,外贸进出口额和实际利用外资额占全省总量的比重长期保持在 1/5 左右,发展势头较好。2012 年全市外贸进出口总额、出口额分别为 104.8 亿美元和 43.2 亿美元,较上年增长 3.5%和 11.2%;实际利用外资额 12.3 亿美元,较上年增长 12.1%。

(4) 沿海地区已初步形成产业集聚优势,进入快速发展新阶段

国务院批准的《河北沿海地区发展规划》中明确规划年限内河北的战略重点首选在唐山地区。近年来唐山市确定了全市生产力布局向沿海推进的总体发展思路,以曹妃甸新区、乐亭新区、丰南沿海工业区和芦汉经济技术开发区为"四点",深入推进沿海"一带"大规模开发建设,实现发展由内陆资源型经济向沿海开放型经济转变;同时提出了"退二进三"的产业调整方针,将钢铁、煤炭等重化工业向沿海环境容量大的区域转移。沿海地区正在迅速成为唐山市最重要的增长极和产业集聚地。

7.2.2 间接腹地Ⅰ:京津冀地区

京津冀地区人口密集、资源丰富,是我国城市、工业和港口最密集的地带之一。地区产业以钢铁、石化等重化工业为主,产业基础雄厚、工业门类齐全,在我国经济社会发展中占有重要的战略地位。2012年京津冀实现地区生产总值5.7万亿元、工业增加值2.2万亿元、外贸进出口总额5 741亿美元,分别占全国总量的11.0%、11.0%和14.8%。其中,河北省实现地区生产总值2.7万亿元、工业增加值1.3万亿元、外贸进出口总额506亿美元,分别占京津冀地区的46.4%、57.1%和8.8%。

当前京津冀地区的经济产业发展特点如下:

(1) 经济持续快速增长,但区域内发展不均衡

近年来,京津冀地区经济发展呈现出快速稳定增长的势头。2012年京津冀地区实现地区生产总值5.7万亿元,占全国总量的11.0%,2000—2012年年均增速为12.1%,与长三角和珠三角差距显著缩小。人均GDP为53 167元,是全国平均水平的1.9倍。

京津冀内部经济发展水平差距较大,目前河北的人均GDP不及北京、天津的一半。同时,尚未形成有序的跨区域产业发展梯度,京津两市对周边地区经济的拉动能力不强,未能充分发挥中心城市的带动和辐射作用。

(2) 产业结构不断优化,工业化进程不断深入加快

在区域经济快速发展的同时,产业结构有了很大调整,三次产业比重由2000年的11∶47∶42调整到2012年的6.1∶43.2∶50.7。2012年京津冀地区实现工业增加值2.2万亿元,2000—2012年间年均增速约14%,比全国同期水平高出近3个百分点,与珠三角、长三角增长速度大体相当。重工业占规模以上工业总产值的比重从2000年的69%发展至目前的80%以上。

此外,近年来京津冀地区工业化进程也不断加快。北京、天津现已初步形成了以机械制造、石化、钢铁、纺织、食品、建材等传统工业为基础,以电子、IT、工业自动化等高新技术为先导的工业体系,进入了工业化后期阶段。而河北省工业体系仍以传统的能源-原材料产业为主导,钢铁工业增加值占工业增加值的近1/4,是我国最大的钢铁生产基地,现已基本进入工业化中期阶段。

(3) 外向型经济发展势头良好

2012年京津冀地区外贸进出口额、实际利用外资金额分别为5 741亿美

元和291亿美元,"十一五"以来,外贸进出口额增速超过长三角和珠三角同期增速水平,占全国外贸比重也回升至14.9%。目前该地区已成为继珠三角、长三角之后跨国公司的重点投资区域。从区域内看,京津地区是外向型经济的主要集中区,集中了90%左右的外贸额和80%左右的利用外资额,河北省外向型经济相对薄弱。

(4) 生产力布局不断向沿海集中

京津冀地区的生产力布局主要是围绕北京、天津两个中心,沿京津塘高速公路、京广铁路、京山铁路等交通干线积聚,钢铁、石化、机械、化工等传统制造业以及高新技术产业多分布于此。随着近年来对外开放的深入,京津的产业布局重点发生了变化,北京正在将冶金等重工业向唐山等河北沿海地区搬迁,天津则通过滨海新区的开发开放建设将大量产业向沿海集聚。同时河北则着力打造沿海经济带,构筑区域发展新格局。大量产业向沿海集聚推动港口运输需求日趋旺盛。

7.2.3 间接腹地Ⅱ:晋陕蒙地区

晋陕蒙地区矿产资源丰富,尤其是煤炭资源在我国占有十分重要的地位,是我国"北煤南运、西煤东运"的主要煤源地。2012年该地区生产总值4.3万亿元,人口9 854万人,分别占全国的8.2%和7.3%。

当前晋陕蒙地区的经济产业发展特点如下:

(1) 资源丰富,是我国最主要的能源、原材料基地

晋陕蒙地区是我国最主要的能源、原材料生产和供应基地,能源矿产成片分布,储量相对集中,具备建设特大型综合能源基地的资源和条件,对全国能源结构和布局都有重要影响。晋陕蒙地区也是我国煤炭开发的重点地区和最主要的煤炭供应基地,煤炭产量占全国的比重由2000年的37%上升到2012年的66%左右,其煤炭产量除本地区消费外,近65%调出。

(2) 地区经济发展步伐加快,实力有所增强

随着国家"东部率先、中部崛起、西部大开发"等战略的实施,间接腹地经济发展步伐不断加快,2000年以来该地区生产总值年均增速都超过了10%,略高于全国平均水平。

(3) 以资源型工业体系为主,对沿海港口运输的需求不断增强

各省区充分利用自身优势,现已形成以能源、化工、冶金、机械制造为支

柱的重工业体系。近年来随着腹地工业化进程的深入，以原油、铁矿石为代表的原材料外贸进口和煤炭、焦炭、粮食等物资的外运需求在稳步增长，对沿海港口运输的需求旺盛。

7.2.4　间接腹地Ⅲ：新甘宁青地区

该腹地包括新疆、甘肃、宁夏、青海四省，拥有丰富的土地和矿产资源，是我国重要的能源、原材料供应基地，该地区已建立起以能源、矿石采选、有色金属冶炼加工等为支柱的资源型工业体系。2012年该地区生产总值为1.7万亿元，人口6 048万人，分别占全国的3.3%和4.5%。

7.3　腹地综合交通发展现状

7.3.1　唐山市交通发展现状

唐山市是京、津的重要门户，处于联结华北与东北广大地区的咽喉地带，已经形成了以铁路为骨干、海运为外延、公路为脉络的综合交通运输网络。

铁路：目前唐山市拥有津山、京秦、大秦三条既有铁路干线，并有迁曹、滦港、卑水、唐遵、汉南等支线和地方铁路，另有唐钢、开滦等72条企业专用线，营业里程达1 017 km，铁路网密度7.55 km/100 km²，是全国铁路网密度较高的地区之一。

公路：目前唐山市境内京沈（唐山段）、唐津、唐港、西外环等高速公路交织成网，在唐山境内汇成"X+O"形的高速公路网，市中心区形成92 km的环城高速公路，所有县（市）、区均有二级以上公路连接，所有行政村实现村村通油路（水泥路）。全市公路网络化程度及服务水平较高，路网密度等指标均大大超过全国平均水平。

7.3.2　京津冀地区交通发展现状

京津冀地区地处中国政治、经济、文化中心地带，衔接东北老工业基地和华北地区，是我国东西、南北大通道交汇的枢纽地区。该地区现已基本建成了以公路为主导、铁路为骨干、沿海港口为门户，民航、管道相配合的综合交通运输网络。

铁路：区域内现有京广线、京九线、京沪线、京山线等18条铁路干线。其中以京沪、京九、京广线为主的纵向运输骨架主要承担我国东部地区客货运输任务；以大秦、京秦、京原、京山、朔黄、丰沙大、石太、石德线等为主的东西向干线主要承担我国煤炭基地北路、中路煤外运任务以及铁路沿线地区与其他省市的物资交流运输，特别是大秦线和朔黄线以秦皇岛港、黄骅港为出海口形成了两条全国运煤大通道，2012年完成量已分别达到了4.25亿t和2.1亿t。

公路：该地区目前公路通车总里程达到19.3万km，其中高速公路达到6 780 km，分别占全国的4.7%和8.0%。现已形成以京沈、京石、京津、京珠、津沪等骨干高速公路为骨架，连接所有中心城市及主要口岸的公路网。

港口：津冀沿海港口是京津冀地区和广大华北西北地区对外运输的主要门户，同时承担腹地能源外运及南北海上物资交流任务。现已初步形成了以天津港、秦皇岛港为主要港口，唐山港、黄骅港为地区性重要港口的分层次港口发展布局。

机场：北京首都机场是全国最大的民航机场，天津机场航班数量逐年增加，现已构筑密集的空中运输网络。唐山机场2010年也已正式运营。

管道：以华北管网为主，目前总里程已超过3 500 km，占全国7%以上。

7.4 腹地经济发展趋势

后金融危机时期全球经济面临着深刻变革。综合判断国际形势，未来10年，和平、发展、合作仍将是国际主流，经济全球化、政治多极化仍持续深入。而受国际金融危机及新技术革命的影响，预计发达经济体在较长时间内难以摆脱经济低迷状态，新兴经济体有望保持较快增长，国家间竞争与合作呈现新格局，这为我国加快转型升级提供了重大机遇。

未来，中国仍处在重要战略机遇期，但内涵和条件有所变化，面临的风险和挑战也将更加复杂。党的十八大提出两个百年目标：建党一百年全面建成小康社会；建国一百年建成富强民主文明和谐美丽的社会主义现代化国家。

当前我国经济由过去的高速增长转向次高速增长，经济社会处于转型发展的关键期，工业化、城市化、国际化都进入了新的阶段。日韩工业化后期经验表明，一国在经济高速增长期结束后，如果能够成功破除制约经济增长的体制、机制和政策障碍,将能保证经济在较长时间内中速增长。十三五期间,中国若能在要素市场、国有资本、社会管理、公共服务等重要领域和关键环节的改革中取得长足进展,国内经济仍有 5.8% 的稳健增速。未来我国经济的转型升级与发展方式转变将是改革开放以来历史性的重大变革。

7.4.1 腹地经济发展新趋势

1. 京津冀地区经济发展趋势

2014 年,京津冀协同发展上升为国家战略,京津冀区域全力打造首都经济圈,培育自主创新能力,推动传统重工业向先进制造业的转变升级,以尖端装备、关键材料和核心部件生产为核心的新型工业体系已逐渐建立。

——河北省

根据习近平总书记等中央领导关于河北发展的批示要求,河北的发展将与环渤海地区崛起、京津冀协同发展有机结合,充分利用毗邻京津经济圈的相对比较优势,充分挖掘河北现有潜力,形成新的经济增长极。河北省将以优势产业为依托,建设了一批创新能力强、产业层次高、总量规模大、辐射能力强的园区,形成了重点突破、带动全局、协调发展的新格局。产业发展方面,保持钢铁产业优势地位,推进钢铁企业向沿海临港地区转移。积极培育新能源、新材料等新兴产业,大力发展港口物流、商务会展等现代服务业。

沿海地区仍将是承接京津城市功能拓展和产业转移重点地区。按照"一带三组团"的空间开发格局,充分依托地区比较优势,大力发展循环经济,提升产业综合竞争能力,推动产业结构优化升级,形成以先进制造业和现代服务业为主的产业结构。

——北京市

北京市以创新为重要着力点,以推进经济发展方式转变为主线,以发展生产性服务业和总部经济为抓手,增强经济竞争力、影响力和辐射力。着力构建了"两城两带、六高四新"的创新和产业发展空间格局。坚持大力发展生产性服务业、高技术产业和密集型服务业,大力提升总部经济发展水平。加大环境保护力度,提高资源利用率,着力打造"北京服务""北京创造"品牌。

——天津市

天津市区域的发展强化与北京的合作,获取北京更多的智力支持,增强自主创新能力,同时积极争取与北京的服务业分工。此外,还将联动河北,共同打造世界级的产业基地。产业发展方面，以航空航天、石油化工、装备制造、轻工纺织等为支柱产业，大力发展现代金融、现代物流、科技和信息服务、会展等生产性服务业和新兴服务业。

滨海新区作为国家综合配套改革试验区，将大力发展现代服务业。充分发挥海港、空港和海关特殊监管区的政策优势，显著提升航运服务功能，强化北方国际航运中心地位。依托区位、交通和产业优势，构建以海港为中心、海陆空相结合的现代物流体系，建设成为北方国际物流中心。

2. 晋陕蒙、新甘宁青地区经济发展趋势

晋陕蒙将进一步发挥能源、矿产资源丰富的优势，依托冶金、能源和机械制造等重化行业的基础条件，积极延长产业链，以高新技术提升传统产业，加快工业化发展步伐，促进地区协调发展。

新甘宁青是我国实施西部大开发战略的重点地区，未来该地区发展主要依托当地矿产资源和农业资源，大力发展煤炭工业、石油天然气、有色金属冶炼和特色农牧产品。

7.4.2　腹地综合交通发展趋势

1. 京津冀地区综合交通规划

铁路：北京市着力完善城际高速铁路网，建成京沪高铁、京石客专等铁路；天津市将主要以完善西部、北部通道为重点，推进津保铁路、津秦客专的建设；河北省将着力构建"东西贯通、南北顺畅"的高速和高效铁路客货运输网络体系，形成"一环四纵八横"为骨架的"东出西联"铁路网布局。"一环"即环渤海通道；"四纵"即京沪通道、京九通道、京广通道、京赤通道；"八横"即大秦通道、京哈通道、京包通道、天保通道、朔黄通道、邯（邢）黄通道、青太通道、济邯长通道。

公路：北京已建成"三环、十二放射"高速公路网络，建成京台高速北京段、京昆高速、京新高速等高速公路；天津完成塘承、京秦、滨石高速公路等工程建设；河北重点加快主干线的扩容改造，完成京港澳等既有线路的扩能改造，完善疏港公路及重要旅游公路，建设西柏坡高速、白洋淀支线、清东陵支线等高速公路项目。

管道：京津冀地区还将继续建设鄂尔多斯至京唐港甲醇、二甲醚专用输送管线，拟建LNG输气管道和原油管道，天津至任丘华北石化的输油管线

2015年正式运营,完善了华北地区油气管道网络。

2. 唐山港集疏运通道规划

公路:唐山市主要建设的迁曹高速公路、塘承高速公路分别于2021年和2015年竣工完成,使唐山地区进一步融入京津唐公路网。此外京哈高速公路和沿海高速公路的建设使唐山港与秦皇岛港、天津港以及黄骅港之间的联系更加紧密。

铁路:张唐铁路2015年底正式运营,成为我国北方第三条能源大通道,极大地提升了唐山港在我国北煤南运中的地位。

唐山以大秦铁路、张唐铁路、京哈高速和沿海高速公路为主的综合对外运输通道已然形成。

7.5 周边港口运输格局

7.5.1 运输格局概况

环渤海港口群由辽宁沿海、津冀沿海和山东沿海三大港口群组成。从地理位置看,三大港口群呈扇面分布,决定了港口在环渤海层面的市场划分相对清晰,各自的直接经济腹地相对独立,竞争并不明显,港口竞争主要是在间接经济腹地——广大中西部地区。在此层面上,津冀沿海港口群的主要对手是以青岛港为龙头的山东沿海港口群。目前津冀港口和山东港口都是我国北方能源物资和原材料运输的出海口和对外交流的重要窗口。

从目前港口群发展趋势看,辽宁沿海港口群、山东沿海港口群都是由省政府出面,全面推进省内协作,以中心港口辐射和带动其他港口。目前山东沿海港口整体竞争力已经体现,现已通过青岛港和日照港两个港口、两套集疏运体系辐射中西部地区。而天津港与河北沿海港口尚未形成合力,港口群的集聚效应没有充分发挥,整体竞争力较弱。

津冀沿海港口群包括天津港以及河北沿海的唐山、秦皇岛、黄骅等港口。现已形成秦皇岛港和黄骅港以煤炭运输为主,唐山港以原油、矿石等大宗能源和冶金原料为主,天津港以煤、油、矿、钢、箱等为主的港口分工格局,这是由各港口城市在本区域的功能定位、我国煤炭运输的大格局、各地的产业结构特点等因素长期作用和相互影响的结果,并将长期存在。

近年来，随着腹地经济特别是重化产业和对外贸易的快速发展，津冀沿海港口呈现出加速发展的势头，2012年完成货物吞吐量超过12亿t，2000年以来年均增长15%以上，有力地支撑了京津冀及内陆腹地经济的发展，保障了国家能源、原材料运输体系的畅通。

7.5.2　唐山港在"北煤南运"运输系统中的作用将更加突显

21世纪头20年是我国经济社会发展的重要战略期，是我国实现工业化的关键时期。国家现已确定了"以煤炭为主体，电力为中心，油气和新能源全面发展"的能源中长期发展战略。以煤为主的能源结构特征将继续主导未来中国的能源供给和需求结构。我国煤炭资源和消费地区分布的不均衡决定了我国的煤炭运输将长期保持"西煤东送"和"北煤南运"的基本格局。

津冀沿海港口群是我国"北煤南运"系统最重要的通道，占全国沿海煤炭一次下水量的90%左右。当前秦皇岛、天津等传统的煤炭下水大港受到港口资源、后方煤运通道、环境影响等方面的制约，进一步大幅度扩张煤炭运输能力的空间有限，唐山港才是当前及未来发展的关键。随着大秦线分流方案（由大秦线迁安北站下线煤炭，经迁曹铁路由唐山港京唐港区和曹妃甸港区下海）的全部完成和包张唐煤运专用通道的启动，大力发展唐山港的煤炭运输能力，全面提升其战略地位和作用，是保障国家日益增长的煤炭调运需求的战略要求。

7.5.3　唐山港在津冀沿海港口群中的地位将继续提升

根据国家、地方的经济和产业发展规划，以及《全国沿海港口布局规划》，未来津冀沿海港口将共同承担起为沿海产业带和我国华北、西北地区经济社会发展和对外开放提供运输保障的重要任务。依托突出的区位、资源和后发优势，以及优越的港口条件，唐山港将在今后津冀沿海港口群的发展中发挥重要作用。党中央关于河北发展的最新指示更明确提出将唐山和曹妃甸建成"东北亚地区区域合作窗口，环渤海新型工业化基地，首都经济圈的重要支点"。

此外，根据国家提出的建设天津北方国际航运中心和国际物流中心的发展目标，仅依靠天津港自身的运量规模和服务能力是难以顺利实现的。要真正建成具有重要国际影响力的航运和物流中心，要求河北沿海港口积极整合

高效、合理利用

随着"四点一带"战略的实施,今后唐山本地的土地、岸线等资源将日渐稀缺。同时,旅游以及其他临海产业的发展也需要使用大量的岸线资源,港口未来发展面临的资源约束将非常严峻。因此,必须坚持外延式扩展与内涵式发展并举的方式,在加快相关设施建设的同时,一是要加强岸线和土地资源的保护;二是进一步优化后方产业园区布局,避免低水平的重复建设;三是要通过技术改造和管理模式的优化,提高已有设施和新占资源的利用水平,提高港口现代化、集约化的发展水平。

(5) 京津冀沿海产业带以及内陆地区经济社会的发展,要求进一步协调津冀港口关系

根据国家和地方的经济、产业发展规划,未来津冀沿海港口群不仅将承担保障和促进本地大型沿海产业带发展的任务,而且还需要为我国华北、西北等广大地区的经济社会发展和对外开放提供运输服务。面对新的发展要求,以及本地一些传统大港岸线资源稀缺、港城矛盾突出等问题,津冀沿海港口的发展必须从自行发展为主转向以分工合作、优势互补为主要特征的有序协调发展。作为本地区港口条件最为优越、港口资源最为丰富的新兴港口,唐山港要在加快自身发展的同时,积极探索与区域其他港口协同发展的新思路,深化与天津等港口的合作,在运输和物流服务两个层面形成科学合理的分工体系。

7.6.2 唐山港吞吐量发展趋势分析

综合前面的分析,预计今后唐山港吞吐量发展将呈现以下趋势:

(1) 未来唐山市及广大腹地国民经济的快速发展必将带动唐山港货物吞吐量的继续增长,增速将减缓;

(2) 根据本地重化产业和内陆腹地相关产业的发展需要,能源、原材料等大宗物资仍将是今后唐山港货物运输的主体;

(3) 随着唐山市打造先进制造业基地,河北省加速对外开放,腹地的适箱货源将更加充足,会带动港口集装箱吞吐量的较快增长;

(4) 随着临港工业的迅速发展,本地货源在唐山港吞吐量中所占比重将有较大提高;

(5) 根据各港区的自然条件和功能定位的不同,京唐港区与曹妃甸港区的关系将进一步优化,并分别形成特色鲜明、优势突出的货类结构,其中:

——乐亭新区煤化工产业园和精品钢材基地的建设,将使集装箱、液体化工、钢材等运输成为京唐港区新时期的增长重点;

——区域钢铁行业的稳定发展和相关煤炭通道的建设进展,将使煤炭、铁矿石成为曹妃甸港区的主要增长点;

——丰南工业区的开发,将推进丰南港区的起步发展。

7.7 港口运输规模预测

7.7.1 总量预测

1. 预测方法

发展规模预测主要采用定性分析和定量计算相结合的分阶段综合预测方法。定量分析中常用的方法有趋势分析法(时间序列法、线性回归法、弹性系数法、灰色系统法)及产销平衡法等。前者主要是分析吞吐量与时间和宏观经济总量之间的历史关系,并据此建立模型,对于宏观经济形势的把握和判断决定着预测的准确性和可靠性;后者主要从重点货类产运销平衡角度进行分析,重大项目是否确定和进展时序左右着预测结果。

从过去预测的经验看,传统的预测方法对于中近期的宏观经济形势(发展环境、产业结构、经济规划指标)和重大项目情况的把握相对容易,而对于中长期的发展,外部环境的变数较大,经济结构变化的影响难以准确判断,传统预测方法效果大打折扣。

针对上述问题,本次预测对近中期和远期的吞吐量发展水平预测分别采取了不同的预测思路、方法和模型。

——近中期

方法:在传统的预测方法思路(趋势分析、重点货类产销平衡法)中,引入情景分析方法。

原则:港口要引导和支撑腹地经济的增长,根据腹地明确的产业发展方向,设定不同的情景(GDP增长水平、产业结构),分析未来腹地不同的发展情况下的港口吞吐量,留有余地。

——中远期

对于港口吞吐量的长期预测,趋势预测的结果是发散的,而事实上受需求影响以及资源环境等条件的约束,港口吞吐量规模不可能无限制扩张。另一方面,远期预测中依据重大项目的产销平衡法无法应用,又要充分考虑临港工业未来发展可能的巨大空间。

预测港口吞吐量,既要考虑"岸线、集疏运、陆域、环境"等制约,又要考虑产业发展的空间,留足港口发展空间和余地。

2. 预测结论

根据宏观经济形势对港口吞吐量的影响分析,结合煤、油、矿、箱等重点货类运输形势分析,充分考虑相关临港工业项目进展情况,预测2030年唐山港的吞吐量总体规模为10.5亿t。

7.7.2 主要货类预测

1. 煤炭

2012年唐山港完成煤炭吞吐量14 494万t,其中一次下水量12 163万t;进口煤炭2 330万t(外贸进口2 046万t),唐山港的下水煤炭主要来自"三西"地区的大同、平朔、准格尔和东胜等矿区,少量来自河北开滦。主要运输通道为大秦线接迁曹线,经唐港支线运至港口下水。近年来唐山港外贸进口煤炭增长明显,主要是后方焦化厂进口焦煤品种调剂和腹地钢铁企业的优质炼焦煤进口需求。我国煤炭运输的基本格局是"西煤东送"和"北煤南运"。即"三西"基地煤炭经北、中、南三条通路铁路外运通道运至秦皇岛港、唐山港、天津港、黄骅港、青岛港、日照港、连云港港等北方七港下水,转运至华东、华南等地。铁路运输北通道是"三西"煤炭外运的主通道,由大秦线、神朔黄线、丰沙大、京原线等铁路构成,经津冀沿海港口(秦皇岛、黄骅、唐山和天津四港)下水。随着近年来大秦线、神朔黄线的不断扩能改造,以及津冀沿海港口煤炭专业化泊位的建设,北通道在我国煤炭运输中的地位和作用进一步提高。经北通道调运的煤炭占"三西"铁路调出量的比重由2000年的56%上升到2012年的66%;同期津冀沿海港口占全国沿海一次下水总量的比重也由71%上升到88%。2012年"三西"基地经北通道外运煤炭约6.6亿t,除沿线消耗及部分转运关外地区外,近80%经由津冀沿海港口下水。在津冀四港中,唐山港优势突出、潜力巨大,是当前及今后的核心增长点。近三年来随着大秦线迁曹支线、京唐港区32#~34#煤炭码头、曹妃甸煤码头一期等系列工程的相继投产,以及2009年大秦铁路划归太原局,唐山港至煤源地的铁路

第七章 港口规划规模

及相关体制关系等全面理顺,从根本上保障了唐山港的煤源和通道运能。2008年以来唐山港煤炭运输实现了快速发展,占北通道四港(即津冀港口)下水量的比重由2008年的8.7%上升到2012年的19.4%,对2008—2012年沿海一次下水量增长的贡献率高达65.8%。

煤炭在目前我国能源消费结构中占主导地位,2012年全国煤炭消费约35.2亿t,2005—2012年期间年均增速6.1%,年均增量约1.71亿t。从发展趋势看,随着转变经济增长方式、调整经济结构战略的实施,煤炭需求将进入平稳低速增长期。考虑低碳技术的发展和我国日益强化的环境约束,判断煤炭需求增速将进一步放缓。考虑外贸进出口的影响,预测2030年北方港口煤炭下水量为9.5亿t。

津冀四港中,天津港受到后方煤运通道、城市、环境影响等方面的制约,进一步扩张的空间有限,能力将维持在1亿t左右,秦皇岛港煤炭运能受城市及环境容量的限制,继续扩大能力的空间有限,因此铁路运量增长部分将主要由唐山港和黄骅港承担。当前唐山港至煤源地的铁路及相关体制关系等全面理顺,考虑港口条件、通道建设进度等,唐山港综合优势更为突出,潜力巨大。综合上述分析,预测唐山港2030年的煤炭一次下水量3.9亿t。结合炼焦煤进口需求,综合预测2030年唐山港煤炭吞吐量4.3亿t左右。

2. 石油及制品

随着2010年曹妃甸30万吨级原油码头项目及相关管线的建成,唐山港正在成为环渤海地区新的外贸原油接卸港。2012年唐山港完成石油及制品吞吐量1 344万t,其中外贸原油进口1 241万t,经曹妃甸至天津管线(2010年竣工)连接中石化华北管网,服务华北地区炼厂,其余为少量成品油及液体化工品调入。华北地区是我国炼化企业重点布局地,现状原油总加工能力约为5 700万t/a。华北地区大型炼油企业主要有中石化天津分公司、中石化燕山分公司、中石化沧州分公司、石家庄炼化、大港石化公司(中石油)和华北石化(中石油)6家,原油加工能力4 700万t/a,占该地区加工总能力的82.5%。2012年华北地区实际原油加工量约4 023万t,开工率70.6%。华北地区原油供应以陆上自产原油和外贸进口原油为主,以海洋油和其他地区油田原油为补充。2012年华北地区陆上原油产量约1 000万t,海洋油及其他地区油田原油调入467万t,外贸进口约2 615万t。目前天津港和唐山港承担了华北地区90%以上的外贸进口原油运输,其余主要通过青岛港上岸再利用原油管线调入。根据全国沿海港口及环渤海地区港口规划，津冀沿海港口将主要服务于京津冀地区炼厂和国家石油战略储备。考虑津冀沿海各港航道条件及发展空间，津冀沿海地区已形成唐山港（曹妃甸）、天津港共同组成的大型原油接卸转运基地，共同为津冀沿海石化产业发展及内陆腹地中转运输需求服务。

根据国家炼油工业中长期发展规划，津冀沿海地区是我国未来石化产业重点布局地区。唐山市的石化工业将按照由无机向有机、由基础向精细、由单一化向系列化延伸的发展思路，加强优势资源本地化深加工与利用，形成南堡开发区以盐化工产业为主、曹妃甸工业区以石油化工为主、乐亭新区（重点在海港开发区）以煤化工为重点的发展格局。综上所述，预测唐山港2030年石油及制品吞吐量为9 000万t。

3. 金属矿石

津冀沿海港口是京津冀地区外贸铁矿石的主要接卸港，目前已形成以唐山港、天津港为主，秦皇岛港、黄骅港为补充的运输格局。2012年津冀沿海港口共接卸铁矿石2.36亿t，外贸一次接卸量2.23亿t，2005—2012年期间二者的年均增速分别为20.9%和23.1%。其中唐山港接卸14 089万t，外贸一次接卸13 912万t，2005—2012年期间二者年均增速分别为44.2%和53.9%。由此可见，唐山港特别是曹妃甸港区在津冀沿海外贸铁矿石接卸中的地位迅速提升。唐山港占津冀沿海港口总接卸量的比重由2005年的13%上升到59.6%，其中曹妃甸港区接卸量达到9 440万t，占唐山港接卸量的70%。目前唐山港外进铁矿石95%以上服务于本地钢铁企业，90%以上为公路疏港。

华北地区（包括京津冀晋蒙）是我国最大的钢铁生产基地，分布有唐钢、首钢、山钢、渤海钢铁等大型钢铁企业和众多的中小钢铁企业，其中唐山市是最主要的钢铁产地之一。经调查测算分析，2012年华北地区粗钢产量约2.6亿t，占全国总量的36.1%，2005—2012年期间年均增速为12.0%。华北地区消耗铁矿石（铁精矿，下同）约4.1亿t，其中外贸进口铁矿石2.2亿t。唐山地区钢铁企业消耗铁矿石大约1.3亿t以上，其中进口铁矿石约1.1亿t。

从我国经济社会发展总体走势看，钢铁产业将"淘汰落后、调整布局、促进重组"，以实现钢铁产业"转强、做优、提效"的目标。钢铁生产能力将向有深水码头建设条件的沿海转移和向有资源优势的地区聚集。腹地钢铁企业可能进一步向华北沿海，特别是天津、唐山、黄骅等地集聚。另一方面，钢铁工艺装备的大型化和现代化对铁矿石品质的要求不断提升,而国产铁矿石受品位及开采难度等不利因素影响,已不能满足钢铁产业快速发展的需要,2005—2012年期间我国外贸矿石消费比重由期初的49.6%提高到2012年的69.4%,华北地区则由35%提高到60%以上。未来钢铁企业用外矿比重还将进一步提升,考虑近年来我国钢企纷纷"走出去",其效果将在未来逐渐显现,外矿的保障率也将有所提高。唐山港近期主要为唐山本地的外贸进口铁矿石服务,远期腹地将逐渐向内陆拓展。综合上述分析,预测2030年唐山港铁矿石吞吐量为1.9亿t。

4. 钢铁

2012年唐山港共完成钢铁吞吐量3 376万t,其中出口量3 356万t(含外贸出口171万t)。钢铁基本来自唐山本地,以公路集疏运为主。下水流向以内贸为主,约2/3到上海及苏南地区,1/3到珠江三角洲地区。唐山市是我国最重要的钢铁生产基地和调出基地,目前每年产量仅10%左右本地消耗,50%左右经公路供应华北地区,40%左右经海运运往华东、华南地区。未来随着京津冀及华北地区钢铁产品结构的调整,特别是专业化水平的提高,华北地区钢材外调量会增长,国内华南沿海地区短缺将有所扩大,内贸出口有增长的可能,而随着国家控制高耗能产业的发展,钢铁外贸出口规模不会有太大增长。综合考虑腹地冶金产业发展、本地消耗增加、港口竞争力演变等不同情形,预测2030年唐山港钢铁吞吐量有可能完成8 000万t。

5. 集装箱

2012年唐山港集装箱吞吐量为45万TEU,基本为内贸集装箱。在箱源构成中,来自唐山本地的货源占80%以上,北京、天津的货源10%左右,其余主要来自承德、秦皇岛、张家口等地。在货物构成中,陶瓷、钢铁及块煤等非传统适箱货类占了较大比例。唐山市的外向型经济尚不发达,目前的外贸依存度仅为13%左右。据调查测算,2012年唐山市的外贸集装箱生成量约为25万TEU,基本全部经天津港运输。根据全国沿海港口布局规划,唐山港作为津冀沿海集装箱运输系统中的支线港,相当一段时间内不具备直接与天津港竞争的条件。未来的发展重点是开辟支线航线,加密航线航班,着力吸引本地外贸箱源经唐山港下水,远期考虑逐步开辟近洋航线。唐山港内贸运输中可装箱货类主要为钢材、煤炭、粮食、化学品、建材、机械装备、食品等。综合对内、外贸集装箱吞吐量预测,2030年唐山港集装箱吞吐量将达到700万TEU。

第八章
港口总体规划方案

港口总体规划中根据港口岸线的资源条件和前期工作的主要论证结论确定港口的空间布置方案,根据未来的发展需求和港口的功能定位确定港区发展方向和各港区布局及功能布置方案。唐山港分为曹妃甸、京唐和丰南三个港区,各港区主要规划布局具体论证如下。

8.1　规划原则

(1) 充分体现港口的性质及其应具备的主要功能,满足腹地经济发展、城市和港口建设,以及曹妃甸区、海港经济开发区和丰南沿海工业区的发展需求。

(2) 与城市、国土资源利用、综合运输体系等上层位和同层位的规划保持相互协调。因地制宜、顺势而为、合理开发,保持海岸地貌和深槽的稳定。

(3) 体现资源节约、生产集约的原则和现代化港口的发展趋势,以大型化、专业化、集约化为主要发展方向。

(4) 三港区良性互动、协调发展,保持港口各个功能区的清晰、统一和协调,做到深水深用、浅水浅用、黑白货物分家。

(5) 合理利用岸线、土地等资源,保证港口、产业、集疏运体系的发展空间相对平衡,为长远发展留有充分的余地。

(6) 符合技术规范、安全、环保等方面的要求。

8.2　港区布局及主要功能

规划后的唐山港将形成"一港三区"分工合作、协调互动、共同发展的总体发展格局,三港区的基本定位和主要功能如下。

8.2.1 曹妃甸港区

曹妃甸循环经济示范区的建设受到党中央、国务院和河北省委、省政府高度重视,先后将其列入国家首批循环经济试点产业园区、"十一五"发展规划和河北省综合配套改革试验区名单。曹妃甸循环经济示范区的开发建设在我国的生产力布局中占有重要地位,对于完善环渤海地区,特别是京津冀地区产业协调发展格局,具有十分重要的意义。2008年初,《曹妃甸循环经济示范区产业发展总体规划》获得国务院批准。按照规划,确定曹妃甸区的功能定位为"中国能源、矿石等大宗货物的集疏港,新型工业化基地,商业性能源储备基地,国家级循环经济示范区,中国北方商务休闲之都和生态宜居的滨海新城"。经过25年的开发建设(规划期为2005—2030年),曹妃甸区将形成港口、港城协调发展的新格局。2011年11月国务院批复的《河北沿海地区发展规划》中提出"适时建设曹妃甸精品钢铁基地,支持国家大型石化企业适时启动曹妃甸石化基地建设",在曹妃甸建设"重型装备基地"和"综合物流基地"。曹妃甸港区凭借其深水近岸、滩涂广阔的优势,成为曹妃甸区的核心资源,也是整个津冀沿海不可多得的宝贵战略资源,在河北省和唐山市大力促进沿海地区经济发展的过程中,将发挥极其重要的作用,具有巨大的发展潜力。根据曹妃甸港区的资源特点、区域经济及产业发展的战略要求,以及环渤海和津冀沿海港口群的协调发展关系,确定曹妃甸港区将发展成为以临港工业服务和大宗散货运输为主的国际化、大型化综合性港区,形成唐山港在新世纪发展的重要支柱和曹妃甸区发展的战略资源。曹妃甸港区将发展为服务我国北方大宗物资转运和环渤海新型工业化基地的大型综合性港区,利用深水岸线资源优势,发展油气、铁矿石等大宗能源、原材料转运、储备、贸易功能,承担"北煤南运"的重要任务,为临港冶金、石化、装备制造等大型重化工业服务。

8.2.2 京唐港区

京唐港区已具有沿海中等港口的规模,是唐山港发展的重要组成部分。规划京唐港区将发展成为以唐山市及其他腹地地区各类物资的中转运输为主的大型综合性港区,形成唐山港重要的综合运输枢纽和海港经济开发区的重要依托。京唐港区将发展为华北、西北部分地区,北京市、河北省及唐山市等各类物资中转运输服务的综合性港区,成为重要的区域综合运输枢纽,将在唐山港煤炭、铁矿石运输中发挥重要作用,承担集装箱运输功能并为临港工业发展服务。

8.2.3　丰南港区

丰南港区为新建港区,拟建的黑沿子河口至涧河口岸段目前尚未开展港区工程建设。为谋划新港区开发,丰南区已开展了大量的前期勘测、研究工作,港区后方临港产业区也已开工建设。未来丰南港区将成为唐山港的重要组成部分,与后方临港产业互为依托,相互促进,共同发展,成为区域综合运输服务港区。

8.3　港口总体规划方案

8.3.1　曹妃甸港区总体规划方案

1. 建港条件研究主要结论

针对曹妃甸港区特殊的自然和地貌环境,结合港口及产业发展需要,曹妃甸港区布置方案开展了专项研究论证,解决的重点问题是:①曹妃甸港区开发建设对甸头深槽和岸滩稳定性、水流泥沙环境等宏观环境的影响;②港口建设自然条件的深入分析和拟采取的主要工程措施;③通过与整体数学模型试验互动研究,逐步优化港区总体规划方案;④根据港口条件和需求,制定港口各功能区的规划布局方案。制定科学合理的总体建设方案是研究工作的核心内容。在大量前期勘测工作和深入分析自然环境的基础上,研究工作制定了基本方案,并通过数学模型试验,重点监测甸头区域、甸头西翼次深槽区域、老龙沟区域、东侧浅滩区域流场变化,层层深入对方案进行了逐步的优化研究,并确定最终的布置方案。

建港条件暨规划方案研究论证的主要结论如下:

(1)规划区域基本保持着滩槽稳定、沿岸输沙不强、海岸处于动态平衡状态及深水近岸的基本环境。大堤及矿石码头工程建设后,没有改变潮波性质和往复流特征,局部区域流速变化量值不大,深槽区水流畅通。工程实施后,由于潮波性质和宏观流场变化很小,总体冲淤态势基本未变,整体上处于动态平衡状态，甸头及东翼局部有一定冲淤变化，受建设过程中挖泥和吹填的影响，施工期甸头附近曾出现短期淤积和较快的冲刷现象，经一定时期调整后，目前已趋于恢复平衡。

（2）曹妃甸及两侧数公里范围可以利用近岸深槽进一步开发利用建设深水码头，局部冲淤可通过合理的平面布置和工程措施予以解决。港区开发不会对京唐港区、天津港等地造成不良影响，围垦对本地的盐业、养殖业影响有限。开发中应尽量保持其原有的滩槽相间地貌环境，适宜采用挖入式港池的总体开发形式。

（3）数学模型试验研究表明，规划方案不会引起甸头附近较大的流速变化；西翼水流进一步归顺，往复流的形态更加明显；维持甸头至老龙沟之间的浅滩，有利于保护甸头和东翼护岸；老龙沟深槽流速对纳潮量的变化比较敏感，有必要保持一定的纳潮水域；打通大堤、布置纳潮河将东西两翼港池水域贯通，有利于加强水体交换，对增加老龙沟深槽流速和减缓甸头前流速也有利，但影响程度比较有限。

（4）通过对曹妃甸港区自然条件、数学模型试验的分析和验证，曹妃甸临港工业区将在西起双龙河口、东至青龙河口，大陆岸线与沙岛岸线之间的区域，构筑三大填筑板块，即以曹妃甸—蛤坨沙岛链为轴线的大型人工岛，位于一、二港池之间的人造港岛和沿大陆岸线向海侧推进的陆侧填筑区，板块之间以三个大型港池和贯通东西两翼的纳潮河分隔，形成以人工岛为主体、以板块结构为特征的总体布局形态。在甸头和一、二、三港池，分别形成超大型深水码头、深水码头、次深水码头、中等深水码头等几个比较集中的港口区域。

2. 港区总体规划方案

在西起双龙河口、东至青龙河口，大陆岸线与沙岛岸线之间的区域，充分利用甸头深水资源和潟湖内的潮沟、浅滩，顺应地貌和自然环境，以填筑、开挖相结合的方式形成港口水陆域，形成以人工岛为主体、以板块结构为特征的总体布局形态。根据港区资源特点及其功能定位，为了充分适应临港冶金、石化、能源、装备制造等产业发展，和煤炭、原油、铁矿石及综合运输的需求，围绕甸头和两翼浅滩、潮沟，形成东、中、西三区。港口主要功能区布局如下：

（1）曹妃甸港区中区

——中区甸头区域。利用天然深槽形成大型深水码头岸线约5.9 km，根据岸线特点及后方陆域情况：西部约1.6 km岸线布置4个大型干散货码头，主要供曹妃甸钢铁项目进口矿石及所需辅料使用；中部约 2.4 km 岸线布置 6 个大型干散货泊位，主要提供公共运输服务；东部约 1.9 km 岸线布置 4 个大型原油码头，主要用于支持后方临港石化工业的发展。大型原油码头东侧，浅滩外 15 m 水深处作为 10 万吨级左右 LNG 泊位港址，形成岸线 0.9 km。其东侧可作为 LNG 预留岸线，布置 2~4 个 LNG 泊位，具体项目布置方案，应在深入研究后确定。

——中区第一港池。港池内主要发展 5 万~15 万吨级泊位，重点安排三个码头功能区：东侧岸线自钢厂北边线向南，主要为钢铁泊位区，约 2.6 km 岸线直接与厂区紧密相连；南侧剩余 1.1 km 岸线规划为通用泊位区；钢厂岸线北段 1.6 km 岸线及其后方约 0.8 km 纵深陆域规划为公共服务型的钢铁物流区。东侧岸线自厂北边线以北，安排为通用码头作业区，具体类型可包括杂货泊位、多用途或集装箱泊位、通用散货泊位等，主要服务于全区临港工业，码头作业区及物流用地陆域纵深合计约 1 km。一港池西侧港岛区四面环水，与大陆交通以桥梁为主，规划为以服务散货运输为主的功能区；一港池西侧 7.8 km 岸线及其后方 1.5 km 纵深的陆域分别安排为专业化煤炭下水码头及其他专业化散货码头作业区，主要满足"北煤南运"和临港工业区其他大宗散货的运输需求。

——中区第二港池。主要安排 10 万吨级以下泊位。二港池东侧岸线约 4.3 km，后方陆域受港岛形态局限，缺少临港工业的发展空间，以发展干散货运输为主；二港池西侧岸线与陆侧填筑板块相连，陆域空间较大，集疏运便利，适合于远期发展集装箱、杂货等综合运输服务功能。本次规划将二港池西侧岸线规划为港口预留发展区，今后可根据港区发展的需要进一步明确其使用功能，码头作业区陆域纵深暂定 1.2 km。

——中区二港池外侧。一、二港池之间港岛南侧岸线外水深条件较好，其外侧深槽水深可达 15 m，基本与岸线平行，规划此段岸线为干散货泊位区，为保持规划区外缘流场的平顺，码头方案应采用栈桥式布置。规划岸线总长约 3.0 km，护岸以内的作业区纵深约 0.7 km。

（2）曹妃甸港区西区

曹妃甸港区西侧，利用双龙河入海河道和南堡深槽，通过开挖围填相结合形成西区第一、第二港池。港池外侧沿南堡深槽内沿建设宽突堤，与曹妃甸港区西护岸共同形成掩护水域，口门设在西护岸南端。二港池港内水域向西北方向延伸,开挖至南堡镇以西处折向偏北方向,延伸至中央公路以南,港池纵深共计约 14 km,港池宽 1.2 km。由于西区二港池过于狭长,不利于港内水体交换,因此未来可考虑在其西北侧继续开挖潮汐通道并设置调节闸口。西区一港池为双龙河口处开设的南北方向港池,港池纵深约为 3.6 km,目前,双龙河口内尚设有嘴东渔港,为保障通航安全,该处港池宽度规划为 1.4 km。

西区一、二港池主要为曹妃甸区临港产业发展服务,采用"前港后厂"的发展模式,吸引项目入驻。鉴于目前后方工业园区入驻产业尚不明朗,两岸的规划港口区暂不明确功能,未来可根据临港工业类型和项目进驻情况,布置通用、干散货和液体散货等各类泊位,港池水深以适应 2 万吨级以下运输船舶为主,未来随着进港航道等级的提升,逐步提升港内航道等级至 5 万吨级。两港池共可形成码头岸线约 39.4 km,码头后方作业区陆域纵深暂按 0.8～1.0 km 控制,陆域面积约 44.3 km^2。

(3) 曹妃甸港区东区

利用老龙沟直通沙岛内侧潟湖浅滩的天然条件,在老龙沟辐射水域西侧开挖形成曹妃甸港区东区,由西向东、由北至南通过开挖形成七个港池。东区港口水域兼做老龙沟潮流通道的纳潮水域,需保持一定纳潮水域面积,因此水域面积开阔。东区南北两侧岸线根据岸线资源条件及产业区发展需要各布置三个突堤以增加岸线长度。东区内泊位等级主要取决于老龙沟进港航道等级,该航道近期可以满足 3 万吨级以下货运船舶通航,在总结实践经验并进一步加深研究的基础上,远期力争逐步达到满足 5 万～8 万吨级货运船舶通航的标准。

规划中曹妃甸东区北岸一港池至三港池岸线将主要为后方装备制造产业区服务,布置成为园区所需原材料、产成品运输服务的各类泊位;东侧突堤已成立综合保税区,前方布置泊位功能以适应后方综保区要求为主。岸线后方用地按港口用地控制,实施中可根据具体项目用地需求,按照合理化利用的原则进行具体分配。

东区南岸岸线主要用于建设服务于临港工业的码头设施。其中东区四港池岸线规划为液体散货码头作业区,该段岸线长度约 10.6 km,可布置约 35 个液体散货泊位,码头后方作业区纵深按 0.7～1.0 km 控制,作业区内布置罐区及管廊带等仓储运输设施;东区五、六港池岸线规划为港口预留发展区,岸线长度约为 12.2 km,待后方工业区确定产业布局后,相应明确其岸线使用功能。

东区七港池利用青龙河入海河道开挖形成,规划为港口预留发展区,与东区其余港池共用老龙沟航道。为与后方装备制造业产业区功能及进港航道等级相适应,初期应以 2 万吨级以下泊位为主,泊位功能上以布置通用散杂货泊位为主。作业区采用前港后厂的布置形式,为临港工业发展服务。港池走向与自然岸线基本平行,港池纵深约 4.0 km,宽 1.0 km,共可形成码头岸线长度约 8.6 km,码头后方作业区纵深暂按 0.5～1.0 km 控制,陆域面积约 7.3 km^2。

8.3.2 京唐港区总体规划方案

京唐港区在东至湖林河、西至湖林新河岸段,在现状挖入式港区的基础上,采用环抱式布置方式向外海推进,同时港区水陆域向东西两翼逐步扩展,环抱式港区以内分为 5 个港池,形成外围环抱、内支分叉的总体格局。港区主要分为集装箱码头作业区、液体散货作业区、干散货作业区、杂货码头作业区、通用散杂货码头作业区、综合物流区等 6 个功能区及远景预留发展区。

(1) 集装箱码头作业区

集装箱码头作业区布置于港区西部第三港池南北两岸,码头岸线总长 4.3 km,可供建设 10 个大中型集装箱泊位,陆域场地面积约 2.7 km^2,集装箱合理运输容量约 500 万～600 万 TEU。三港池西岸受电厂取水口及陆域纵深影响,取水口两侧布置工作船泊位或其他适宜中小型泊位。

(2) 液体散货作业区

液体散货作业区布置在港区西部、集装箱码头作业区以南第五港池,以及五港池南侧宽突堤外侧岸线。规划码头岸线长约 11.6 km,可供建设 23～30 个各类液体化工品、油品及油气泊位,未来随着港区航道等级的提升,可在此区域布置大型原油泊位。陆域占地面积约 11.6 km^2,初步测算可布置总罐容约 600 万 m^3。

(3) 干散货作业区

干散货作业区布置于第四港池,规划码头岸线总长约 8.9 km,除一港池 1#泊位外,主要位于四港池北侧岸线,可供建设 30 余个煤炭、矿石、散水泥等大中型干散货泊位,陆域场地约 12 km^2。

第八章
港口总体规划方案

（4）杂货码头作业区

杂货码头作业区布置于港区中部一、二港池之间，规划码头岸线总长约 3.3 km，主要包括一港池及二港池岸线，可供容纳约 14 个大中型通用杂货泊位，陆域场地约 2.4 km²。

（5）综合物流区

调整后物流园区位于京唐港区西北侧，三港池集装箱泊位区后方，园区面积由原来的 1.8 km² 增加至 7.5 km²。物流园区重点发展国际中转、配送、采购、转口贸易和出口加工等业务，为腹地各类适箱货、杂货提供全方位的物流、商贸、信息等服务，并为海港经济开发区及海港开发区内各类临港产业服务。

（6）预留发展区

预留发展区主要布置在港区东侧四、六港池，岸线总长约 21.2 km，主要包括四港池南侧岸线及六港池内全部岸线。四、六港池南侧环抱式人工半岛纵深均为 1.5 km，六港池北侧陆域纵深为 1.4 km，陆域面积共约 29 km²。四港池南侧、东侧及六港池岸线功能目前尚不明确，未来可视港口发展及后方海港经济开发区临港产业布局需要，相应布置各功能区。

根据上述规划方案，京唐港区规划码头岸线总长增加至 48.6 km，各类场地面积约 63.6 km²。

8.3.3　丰南港区总体规划方案

丰南港区建港岸段主要集中在黑沿子河口（沙河口）至涧河口（陡河口）之间，利用该海域大面积浅滩向外海进行围填形成环抱式港池。港区西侧利用宽突堤形成顺岸的平面布置，东侧采用突堤结合挖入式港池布置形式，口门处设置防波堤伸至 2 m 等深线处。进入港区纵向港池（一港池）长 7.3 km，宽 1.0 km；东侧两个横向港池（二、三港池）长 2.3 km，宽 0.9 km，两港池之间突堤宽度为 2.0 km。港区受航道水深条件所限，起步阶段以适应 2 万吨级以下船舶为主，未来随着港区建设和运营的实际情况，在开展进一步研究的基础上，可考虑进一步提升航道等级。

根据丰南港区功能定位结合港区后方腹地运输需求，港区内功能区主要分为干散货码头作业区、通用码头作业区、临港工业区、仓储物流区及河口码头区。

147

(1) 干散货码头作业区

干散货码头作业区布置在港区西侧（即一港池西侧岸线），规划码头岸线总长约 7.0 km，可供建设约 23 个煤炭、矿石、散水泥等干散货泊位，为后方丰南沿海工业区钢铁等临港产业服务，后方陆域纵深 700～800 m，场地面积约 5.4 km^2。一港池根部布置支持系统区，占用岸线长度 250 m。

(2) 通用码头作业区

通用码头作业区布置在港区东侧挖入式港池内，岸线包括二港池东侧岸线及三港池全部岸线，规划岸线总长约 6.4 km，可供建设 20 余个各类通用泊位，具体类型可包括杂货泊位、多用途泊位等，主要为临港工业及区域内各类物资运输提供服务。码头作业区后方陆域场地面积约 5.6 km^2。

(3) 临港工业区

临港工业区布置在港区根部，具体岸线包括一港池北侧岸线、东侧部分岸线及二港池北侧、南侧岸线。临港工业区占用岸线长度约 7.1 km，陆域面积约 13.7 km^2。岸线利用上将采用"前港后厂"的发展模式，将企业项目建设在港区以内，与前方码头岸线紧密衔接，以建设货主码头为主，岸线具体使用上应按照企业需求规模由管理部门和企业共同确定所占用的岸线长度。

(4) 仓储物流区

仓储物流区布置在干散货泊位区和通用泊位区后方，占地面积约 13.3 km^2。仓储物流区主要发展仓储、中转及配送服务，为临港工业区及丰南区内各类产业服务。

(5) 河口码头区

河口码头区布置在港区东侧黑沿子沙河口处，利用栈桥在河口水深较好处建设杂货码头，占用岸线长度约 4.5 km，后方陆域面积约 2.5 km^2，为港区及后方工业区建设提供物资运输服务。

第九章
港口配套设施规划

港口总体规划中应初步确定围绕港口规划实施所应开展的配套设施规划方案，包括集疏运、供电、给排水、通信及支持系统规划等方面，其中重点是港口集疏运规划方案。港口集疏运规划方案中主要应概述港口所在城市的公路、铁路、内河、管道等交通设施状况及规划情况。根据不同规划水平年的集疏运量，提出主要港区与后方通道的衔接方案，包括集疏运通道的能力、规模、线路走向及建设要求。针对唐山港规划实施所应开展的配套设施规划论述如下。

9.1 集疏运规划

根据相关规划，未来唐山市沿海地区将形成以港口为枢纽，公路、铁路、管道为骨干的综合交通运输体系。

9.1.1 铁路

唐山市铁路网络比较发达，拥有津山、京秦、大秦三条既有铁路干线横贯境内，并有迁曹、滦港、卑水、唐遵、汉南等支线和地方铁路，另有唐钢、开滦等72条企业专用线，境内铁路营业里程达 1 017 km，铁路网密度 7.55 km/100 km²，是全国铁路网密度较高的地区之一，并已形成东、西、南、北交织的铁路网络，连接了东北与华北乃至全国的主要运输通道。未来唐山境内铁路将形成"六横三纵"的格局。"六横"主要指：大秦线、京哈线、津山线、津秦客运专线、环渤海城际铁路和京秦城际铁路；"三纵"主要指：张唐线、唐遵线和迁曹线。曹妃甸、京唐两港区之间规划有铁路联络线。

为提升唐山港特别是曹妃甸港区的铁路集疏运能力，唐山市正在谋划建设曹妃甸至唐山中心市区的唐曹铁路和曹妃甸至唐山北部地区的水曹铁路。两条铁路主要为矿石疏港、钢铁等物资集港运输服务，建成后年可完成运量16 800万t，将有效缓解唐山境内的港口集疏运压力，同时还会使唐山港服务唐山以远腹地的能力进一步提升。

曹妃甸港区对外铁路运输主要由张唐铁路和迁曹铁路承担。两路铁路均接至林雀堡曹妃甸北站，自编组站分为两路进入工业区。其中西通道直接进入港岛区域，主要承担煤炭下水运输；东通道沿青林公路延伸至甸头区域，沿途在纳潮河区域设置曹妃甸站，用于承担通用码头区及钢厂、电厂等产业运输需求，在甸头区域设置曹妃甸南站，承担铁矿石疏运及钢厂运输需求。

京唐港区后方承担铁路集疏运服务的主要为唐港铁路。目前，港区内各企业的专用线和港区铁路，除西侧电厂专线和东环铁路外，大部分引自唐港铁路终点站京唐港站。结合海港工业区城市总体规划，地区铁路规划为：近期京唐港站拆除，外部唐港铁路引入聂庄站，在聂庄站分两路进入京唐港区，西环线（聂庄站至大唐电厂）服务于大唐电厂、五港池，东环线（聂庄站至东港站）服务于一、二、三、四、六港池和海港经济开发区内企业专用线等。京唐港区规划新建铁路支线连接矿石接卸场和迁曹铁路，并在迁安地区建设矿石物流场站，满足京唐港区矿石疏港需求。

丰南港区规划新建支线铁路于丰南南站与建设中的张唐铁路相连接，接入丰南沿海工业区并引入港区西侧干散货泊位区。

9.1.2 公路

唐山市目前基本形成了以高速公路为主骨架，国省干线公路为主通道，县乡公路为脉络，纵横交错、功能齐全的现代化公路交通网络系统。高速公路中京哈、长深、唐港、西外环四条高速公路交织成网，在唐山境内汇成"X＋O"形的高速公路网，并与全国高速公路网相连，可通达华北、华东和东北地区，大大缩短了港口与腹地的运输时间和距离。未来唐山市将形成"三横两纵两射"的高速公路网络："三横"即京秦高速复线、京哈高速和沿海高速；"两纵"即长深高速唐山段（承唐高速—西环高速—津唐高速）、迁曹高速；"两射"即唐曹高速、唐港高速。其中，需新建的高速包括京秦高速复线和迁曹高速。唐山地区公路体系主要有"四纵四横"通道网络：南北向公路主要由平清乐线、迁唐线、碾唐线、京环线构成；东西向的公路主要由356省道、102国道、112国道及沿海公路构成。

规划曹妃甸港区后方疏港通道高速公路网为"一横两纵"，其中"一横"为沿海高速，"两纵"分别为唐曹高速和迁曹高速；快速路系统为"两横三纵"，其中"两横"分别为滨海公路和滨海大道，"三纵"分别为唐曹公路、迁曹公路、遵曹公路。干线公路为"三纵"，分别为大碱路、唐柏路接工业区2号路、古柳路。各公路系统通过联络线与港区内道路相连接，构成曹妃甸港区对外疏港的公路集疏运网络。

京唐港区对外公路集疏运通道南北向主要依托唐港高速和唐港快速公路，东西向通道主要依托沿海高速、滨海公路和滨海大道。京唐港区内部纵向的输港通道自西向东依次为小河子通道、海滨路、海港大路、海宁路、唐港高速的延长线（疏港路），这几条纵向通道均与沿海公路相连接。规划在唐山首钢宝业钢厂和唐山钢厂之间留有一条输港主通道，在唐山钢厂的东侧留有一条输港主通道。主通道按双向8车道、双向6车道分别计算，其通过能力分别为9 500万t/a和7 000万t/a，同时利用已有的几条疏港通道可以满足2030年以前的公路集疏港运量的需求。

丰南港区后方公路集疏运通道发达，主要有沿海高速、唐曹高速、丰碱公路、沿海公路和规划中的滨海大道连接港区、丰南沿海工业区及后方广大腹地区域。

9.1.3 管道

曹妃甸工业区内分别沿青林公路和二港池西侧设置两条南北向管廊带，和后方运输管网相连。后方管网需通过专项规划研究工作确定。

京唐港区是鄂尔多斯—京唐港液体化工品管道输送项目的出海口，京唐港区还要服务于我国西部地区液体化工品的海上运输。

9.2 供电规划

9.2.1 曹妃甸港区

曹妃甸工业区电网位于唐山电网的南部，是唐山电网的重要组成部分，曹妃甸工业区的供电主要是依托唐山电网，建设可靠性高的 220 kV 高压配电网。曹妃甸工业区华润电厂 4×1 000 MW 为发电机组，2×300 MW 为供热机组，以 500 kV 一级电压并网，通过规划新建曹妃甸 500 kV 变电站接入区域电网系统。供给本工业区用电为输出 220 kV 电力线，以 220 kV 变电站作为各类用地的主要电源。根据《唐山市城市总体规划（2009～2020）》预测的曹妃甸工业区 2020 年用电负荷约 500 万 kW，目前已建成林雀堡 220 kV 变电站一座（安装主变压器远期 3×240 MVA），临港 220 kV 变电站 2 座（安装主变压器 2×180 MVA）；钢铁基地区域规划建设两座 220 kV 变电站（容量分别为 2×180 MVA、2×90 MVA）；石化工业区内分期建设两座 220 kV 变电站；煤盐化工区内分期建设两座 220 kV 变电站正在逐步推进。

曹妃甸港区各作业区分布区域较广，与临港工业用地结合紧密，因此，各区域供电电源在曹妃甸临港工业区供电系统中统筹考虑，与唐山电力网联网供电。港口用电负荷主要包括码头和堆场的装卸机械、照明及其他生活和动力用电，各码头作业区、功能区根据需要相应设置 10 kV 变电所，进线线路采用双回路，以直埋或电缆沟方式辐射。

9.2.2 京唐港区

京唐港区 110 kV 变电站电源从开发区 220 kV 变电站接引。根据港区平面及供电负荷分布并结合《经济技术开发区总体规划》中电力工程的规划，港区规划建设有四座 110 kV 变电站，其中除远景规划区的 110 kV 变电站外，其余均已建成。

同时，根据港区各码头及堆场的供电负荷分布情况在码头及堆场和辅建区建设多个 10 kV 变电所和一些 10 kV 中心变电所，以满足港区供电照明负荷的需要。所有 10 kV 中心变电所及 10 kV 变电所所需的 10 kV 电源皆引自上述四座 110 kV 变电站（部分 10 kV 变电所的电源引自其附近的 10 kV 中心变电所）。10 kV 变电所和 10 kV 中心变电所进线线路采用双回路，以电缆直埋、电缆沟等相应敷设方式敷设。

上述每座 110/10 kV 变电站内均装设两台变压器，变压器变比为 110 kV/10.5 kV，110/10 kV 变电站的 110 kV 进线电源皆为双回路电源，引自开发区电力部门的 220 kV 变电站。港区电力系统规划根据唐山供电公司的电力系统规划，将来应考虑将港区已建 110 kV 变电站的进线电源形成环网供电，以提高港区供电系统可靠性。

9.2.3 丰南港区

丰南港区用电主要依托丰南沿海工业区,根据港区各码头及堆场的供电负荷分布情况,建设多个 110 kV 变电站及 10 kV 变电所,以满足港区供电照明负荷的需要。

9.3 给排水规划

9.3.1 给水

1. 曹妃甸港区

曹妃甸港区各个功能区或作业区分布在东、中、西等多个区域,与临港工业用地结合紧密,各区域供水水源需在曹妃甸临港工业区供水系统规划中统筹考虑。目前,曹妃甸港区供水依托曹妃甸供水工程,工程近期年设计供水能力为 8 200 万 m^3,目前年供水 2 000～3 000 万 m^3,远期年供水能力为 1.8 亿 m^3。曹妃甸供水工程的水源为引自潘家口水利枢纽的地表水。港区自供水干管分一路或多路接管,由一路或多路 DN 500 以上的给水干管接入作业区。港区内建设相对独立的给水管网系统,设生产、生活、消防合一的给水管网,在港岛等相对独立的区域建设供水调节站,港区内给水管网通常采用 DN 400～DN 200 管道。码头生产作业区用水主要包括船舶上水和生产、生活、消防、喷洒降尘用水;仓储物流园区用水主要包括生产、生活、消防和喷洒降尘用水。高耗水项目建议采用中水回用或海水淡化,与临港工业区产业、生活服务区相邻的作业区,宜在城市规划中统一考虑中水回用和海水淡化系统,在港岛、甸头等耗水量大又相对独立的区域,设置独立的中水回用系统。

2. 京唐港区

京唐港区第一港池、第二港池的 15 个泊位已经投入使用,给排水管网系统已形成。两个港池设计最高日用水量为 5 000 m^3 左右,水源由开发区两座水厂供给。水厂年设计供水能力 8 000 万 m^3,年供水 5 600 万～6 400 万 m^3,水源为乐亭县北部的地下水,水源地年可采水 1 亿 m^3。目前,年设计供水能力 1.3 亿 m^3 的三期供水工程正在紧张建设中,水源为桃林口水库地表水。

港区输水干管管径 250 mm，接管点位于 7♯路与 12♯路交口处，辅建区已建成供水调节站一座，调节容积 2 000 m³，最大时供水量 600 m³，供水压力 0.45 MPa。

京唐港区给水工程本着与京唐港海港开发区总体规划相结合的原则进行规划。给水工程的供水范围包括京唐港区规划范围内的全部用地。港区远期规划最高日用水量为 9 万 m³/d，主要包括码头船舶上水、生产及生活用水、环保用水等。根据海港开发区的总体规划，港区内的用水分别由开发区的两座水厂供给。水厂供给能力可满足港区用水要求。根据港区规划的平面布局，区内用水分五处与市政供水干管相接，接管点处管径为 500 mm，接管点位置分别位于 7♯路与 12♯路交口、7♯路与 10♯路交口、7♯路与 14♯路交口、湖林新河东岸的东海路与 9♯路交口及大唐电厂交口处。远期预留区需增设三处市政输水管道接管点。

3. 丰南港区

丰南港区各个功能区或作业区用水应在丰南沿海工业区供水系统规划中统筹考虑。港区自工业区供水干管分一路或多路接入作业区。港区内建设相对独立的给水管网系统，设生产、生活、消防合一的给水管网，港区内给水管网通常采用 DN 200～DN 400 管道。

9.3.2 排水

1. 曹妃甸港区

港区排水在各作业区内设相对独立的雨污分流制排水系统。作业区内雨水由雨水口收集，生活污水由管道收集，采用暗管系统排放，经处理达标后回用或排入海中。在港岛北端和甸头区域分别设作业区专用的污水处理厂，收集、处理和回用港岛作业区、甸头作业区的生产污水。一港池东侧、二港池西侧作业区生产污水排放，纳入临港工业区城市排水系统统筹考虑。

2. 京唐港区

港区生活污水采用依托市政污水处理厂与分散处理相结合的原则，其中件杂货作业区辅建区内的生活污水汇入市政污水管网，送入市政污水处理厂处理，液体化工品作业区、远景发展区各自设置独立的污水处理厂进行处理，其他各作业区辅建区的生活污水，经污水提升泵房后进入市政污水管网，送入市政污水处理厂处理。

3. 丰南港区

港区排水在各作业区内设相对独立的雨污分流制排水系统。作业区内雨水由雨水口收集、生活污水由管道收集，采用暗管系统排放，经处理达标后回用或排入海中。

9.3.3 消防系统规划

根据建筑防火规范及港口工程消防要求，曹妃甸港口、京唐港区、丰南港区内的一般作业区消防用水，均采用生产、生活、消防合一的给水管网供给，供水采用低压制。曹妃甸港区甸头东侧的原油码头作业区、东区南岸的石化及液体化工品码头作业区、京唐港区液体化工品作业区，设置独立的临时高压制消防给水系统和泡沫灭火系统。港口干散货作业区采用洒水除尘与消防合并的给水系统，消防体制为临时高压制。曹妃甸港区中区二港池西侧作业区、东区南北两岸码头作业区、京唐港区远景发展区，具体功能尚不确定，备留低压与临时高压制消防给水系统。建议海上消防系统与海上救助打捞系统进行一定结合，并与交通运输部和公安部关于全国海上消防系统的整体规划相一致。

9.4 通信信息规划

港区和作业区外部通信、信息交换依托唐山市市政有线通信系统。

9.4.1 曹妃甸港区

各作业区分布区域比较分散，预计各作业区内将有多个不同的经营实体，对外通信、信息交换在临港工业区通信、信息交换系统中统一安排。内部用于生产联系、调度、指挥的有线、无线通信系统以各经营实体为单位，根据生产需要自行设置，但其无线通信应遵照执行有关部门和临港工业区的统一规定和要求。

9.4.2 京唐港区

港区相对集中的经营实体统一管理，拟设置港口专用有线通信、信息交换中心对外联系。内部用于生产联系、调度、指挥的有线、无线通信系统以经营企业为单位,根据生产需要自行设置。预测京唐港区自动电话用户为 4 500 门,数字无线集群通信系统需求为 20 信道 2 000 用户规模,按不同作业区和不同经营实体分为若干大组和子组,遵照执行有关部门及港区管理的统一规定和要求。

9.4.3　丰南港区

港区内部用于生产联系、调度、指挥的有线、无线通信系统以港口经营实体为单位,根据生产需要自行设置,无线通信应遵照执行有关部门和沿海工业区的统一规定和要求。

港区和作业区内建设光纤综合传输系统,做为语音、计算机局域网、多媒体系统的传输媒体。通信线路主要采用管道敷设。

9.5　港口支持系统规划

目前曹妃甸港区和京唐港区均建有 VTS 船舶交通管理系统,系统规模为一中心一站(雷达站)。该 VTS 系统包括雷达子系统、VHF 通信子系统、船舶数据处理子系统、船舶自动识别(AIS)子系统等。可以对来往于本港区水域的船舶实现交通动态管理。

由于唐山港规划发展规模大,特别是曹妃甸港区为新开大型港区,前方海域又是来往天津港大量大型船舶的途经之地,因此唐山港的水上安全监督系统,需结合区域水上交通安全的需要统筹考虑和统一安排。建议委托专业单位,在唐山港总体规划的基础上开展必要的专项工作,对本区域的水上监督管理系统进行统一论证和规划。

曹妃甸港区分别在东区一港池口门两侧、二港池西侧、东区一港池根部布置支持系统岸线,为海事、引航、救捞、应急保障等港口航运支持保障系统服务;京唐港区在三港池根部大唐电厂取水口两侧布置支持系统岸线;丰南港区在一港池根部布置支持系统岸线。

第十章
规划建议

港口总体规划的规划建议内容主要反映总体规划编制过程中有待进一步研究、论证的重大技术问题,以及为保障规划实施需要政府有关部门协调解决的重大问题,并提出相应建议。针对唐山港总体规划的编制提出的主要规划建议如下:

(1) 明确规划的严肃性

港口规划是基于腹地经济社会发展需要,考虑全国及地区综合运输需求、产业需求编制的。港口规划确定了港口长期的发展方向,在岸线利用、港区布局及发展规模中有明确的指导意义,总体规划一经主管部门审批通过,即成为港口管理部门履行职责的重要依据,必须严格遵照执行。在规划确定的港区范围内开展各项基础设施规划建设工作,应事先征得港航管理部门同意。

根据规划测算,曹妃甸港区本地沙源远不能满足开发填筑的需要,长远发展必须依靠陆路填料弥补。但受短期经济利益驱动,港区周边近年来无序采沙的现象比较严重,已经给规划实施带来诸多不利影响,建议有关部门抓紧开展必要的后评估工作,并尽快制订相关法规,采取有效措施严格禁止无序采沙。

(2) 进一步做好港区开发的前期研究工作

为适应丰南沿海工业区的发展建设,丰南港区已开展了大量的现场勘测及专题研究工作,研究结果表明,该段岸线具备港口建设开发条件。建议丰南港区进一步做好港区开发的前期研究工作,继续开展港区及航道的泥沙回淤观测研究,累积风、浪、潮位等基础资料,为港区码头项目建设开展准备工作。

为适应未来京唐港区发展及海港经济开发区临港产业发展需要,京唐港区规划提高主航道等级并为第六港池开辟第二航道,建议由唐山港口实业集团有限公司及相关部门加快推进航道研究工作,为下一阶段工作提供必要的技术支撑。

曹妃甸港区规划西区二港池水道狭长,水体交换动力较弱,建议进一步开展针对性研究,以便采取相应措施有效改善港池内水质。

京唐港区浪窝口至老米沟口6.2 km岸线为预留港口岸线,后方海港经济开发区已成立了以重化工业为主的工业园区,目前计划利用本段岸线开发港口资源,建设为后方工业园区配套的码头区。本段岸线前期研究过程中应做好相关勘测和专题研究工作,积累相关基础资料,为下阶段港口开发做好前期准备工作。

(3) 继续完善相关规划,为新辟港区的全面开发奠定基础

本次规划调整提出新建丰南港区,针对曹妃甸港区提出开拓东西两区挖入式港池,针对京唐港区提出利用湖林河口东侧岸线建设第六港池,增设上述码头岸线均是为后方临港产业服务。丰南港区内功能区主要包括干散货码头作业区、通用码头作业区、临港工业区、仓储物流区和内河码头区。建议有关部门抓紧开展港区后方临港产业规划、港区控制性详细规划及集疏运规划的编制工作,发挥规划的协调和指导作用,避免产生后方产业用地堵塞规划的港口集疏运通道、产业布局与港区功能布局不协调等矛盾。

(4) 开展必要的通航安全论证

曹妃甸港区西侧双龙河口内建有嘴东渔港,港区东侧规划新建曹妃甸中心渔港,两个渔港进出港渔船航路均与港区规划航道存在一定的交叉,对船舶航行安全有一定影响,建议在总体规划基础上,开展必要的通航安全论证和海事管理专项规划工作。